TED式

脱稿演讲

**用TED等级的方式营销你自己，
让全世界都听你的！**

思远 著

**国际公众演讲
高级标准**

中国实践版

海天出版社（中国·深圳）

图书在版编目（CIP）数据

TED式脱稿演讲 / 思远著. — 深圳：海天出版社，
2016.6

ISBN 978-7-5507-1605-6

Ⅰ．①T… Ⅱ．①思… Ⅲ．①演讲—语言艺术 Ⅳ．
①H019

中国版本图书馆CIP数据核字(2016)第081769号

TED式脱稿演讲
TEDSHI TUOGAO YANJIANG

出 品 人　聂雄前
责任编辑　涂玉香　张绪华
责任技编　梁立新
封面设计　元明·设计

出版发行　海天出版社
地　　址　深圳市彩田南路海天综合大厦7-8层（518033）
网　　址　http://www.htph.com.cn
订购电话　0755-83460202（批发）　　83460239（邮购）
设计制作　深圳市知行格致文化传播有限公司
印　　刷　深圳粤丰华印务有限公司
开　　本　787mm×1092mm 1/16
印　　张　14.5
字　　数　210千字
版　　次　2016年6月第1版
印　　次　2016年6月第1次
定　　价　39.00元

PREFACE 前言

为什么
最受欢迎的 TED 演讲
都是脱稿的?

在商业世界里，很多公司选择的交流媒介是商业演讲。一个糟糕的演讲可以毁了一桩交易，而一个有说服力的演讲可以成全一笔价值连城的生意。

在商场和职场中，公开演讲还能为你提供一个机遇，可以使一些平常接触不到你的人留下深刻印象。

当某个人用脱稿演讲的方式站到台上影响听众时，他看起来像什么? 他会让听众以为，他就是一个领袖型人物，不管他实际上是不是。这真的很不公平。

脱稿演讲带来的好处可能越来越多，意味着当下的社会越来越注重口头表达。一次精彩的脱稿讲话胜过一百次机械的念稿。会演讲的人成功的机会多两倍。丘吉尔直言：一个人可以面对多少人，就代表他有多大成就。

人类不缺智慧，但是如何能够真切地表达自己的思想是需要智慧的，这也是困扰着很多人的一个难题。

TED 演讲被公认为世界上高水准的演讲，无论是演讲者、演讲主题、演讲内容、演讲效果还是演讲技巧，它已经创下了总计 10 亿多次的视频点击量，成为公众演讲的"金牌标准"。

为什么不超过 18 分钟的演讲，平均点击率却超过百万次，最高的甚至超过 2500 万次？为什么连比尔·盖茨、史蒂芬·霍金、阿尔·戈尔这样的商界、学界与政界精英都竞相登上 TED 的舞台？TED 演讲的秘密究竟是什么？

我们可以确定的是，TED 很多最受欢迎的 TED 演讲都是脱稿的。如果你有充裕的时间做这样的准备，脱稿会是最好的演讲方式。

自 30 年前第一届 TED 大会以来，也有些不知名的艺术家、科学家和作家在脱稿演讲时往往会感到极不自在。于是，这么多年来，TED 团队探索出一套方法，能够帮助缺乏经验的演讲者表达、练习，并最终做出为人喜爱的脱稿演讲。TED 团队会和演讲者一起准备提纲，寻找合适的切入点以及简洁且有逻辑性的叙事方式。

TED 团队所专注的 18 分钟甚至更短形式的演讲经验，对其他领域的演讲者很有用。无论是做 IPO 路演，商务演讲、会议、发布新产品，抑或寻求风投的创业演讲。可以说，TED 脱稿演讲适用于任何一个公共演讲场合。

脱稿演讲的训练好比学骑自行车，你只需要重新训练大脑。你需要练习，不过，一旦掌握演讲的技巧之后，你的水平就再也不会掉下来——你从此再也不必为演讲担忧了。

目 录
CONTENTS

不脱稿，无 TED

如果让我重进大学，我将修好两门课：演讲和说服。

—— 尼克松

···||||| |||||··· CHAPTER 1

尼克松曾直言：如果让我重进大学，我将修好两门课：演讲和说服。念稿子远不如讲话的效果好。因为后者是发自内心的，即使显得不够流畅，但效果也会更好。所以说，一次精彩的脱稿讲话胜过一百次机械地念稿。

生硬讲稿闹笑话

俗话说，言为心声。我们嘴里说的话，是思维的一种直观反映。如何讲话，是一门值得深入研究、探索的学问，也是一种永不过时的艺术。只有深谙这种讲话艺术，并驾轻就熟地在即兴讲话中运用这种艺术，才能使语言深入人心，才能与听众产生思想、情感及心灵的共鸣与沟通。

大多数人之所以害怕演讲，是因为担忧无法掌控当时的场面，害怕临场发挥失误闹出笑话，因此往往退而求其次——念稿子。实际上，临场发挥固然容易出错，照本宣科也不一定确保万无一失。

2011 年 2 月 11 日安理会内的议事安排是，各国代表就

"维持国际和平与安全"进行发言。现年 78 岁的印度外长克里希纳被排在葡萄牙外长路易斯·阿马多之后上台发言,而问题恰恰就出在这里,只见他拿起前者遗忘在台上的稿子便读了起来。

尽管从克里希纳本人的发言一开始,几乎所有在场的人都能够听出他正在读阿马多的讲话稿(而非他本人的),因为他读的文字中有一些与其身份及印度的国情根本不相符合,甚至格格不入,但他本人却浑然不知,依旧读着!

印度驻联合国常任代表哈迪卜·普里在 3 分钟后才急急忙忙地打断了克里希纳的话,并请求他重新发言。此时,台下传出了善意的笑声。这一风波传到了印度国内之后,印度政界一片哗然,纷纷指责印度外交机构无能,在国际政治舞台上丢人。

2010 年,新西兰移民部部长在议会慷慨激昂地发表完演说后,却无比尴尬地发现,自己念的竟是税务部部长两年前用过的一篇演讲稿,而且这次长达 10 分钟的演讲通过广播在全国范围内进行了直播。

西班牙首相拉霍伊被卷进了受贿的丑闻,他在议会的特别质询会上承认,自己在处理这个事件时确实存在过错,并就此道歉。但可能是"认真"过头了,拉霍伊在念认错稿时,竟把演讲稿括号里的标注词"本段结束"也念了出来,而且来来回回地念了 9 次。之后"本段结束"成了西班牙网络上的绝对热词。

这并不是拉霍伊第一次出这样的笑话。2013 年 7 月 24 日,西班牙发生列车脱轨,造成 79 人遇难。7 月 25 日,拉霍伊发表哀悼声明,声明最后竟然出现了"对中国甘肃地震致哀"的字样。人们怀疑首相的致辞是复制粘贴过来的。这一乌龙事件也让不少西班牙人对政府的不满情绪更加高涨。

当然，不只是国外才会闹出这样的笑话。在国内，这种因照稿演讲闹出的笑话也比比皆是。在欢迎仪式上，某领导神采飞扬，慷慨激昂，照秘书写的稿子念道："感谢上级领导给我们带来一个巨大的鼓！"翻过一页后，这个领导才发现稿子读错了，顿时舌头僵硬，脚底发凉，小腿抽筋，只好硬着头皮接着说："还有一个舞！"很快，这个领导就出了名，"上级送鼓"成为笑谈。

某部开一个有关官兵团结的专题会，领导照秘书写的稿坚定有力疾呼："军官要爱护士！"念完这一句，觉得别扭，秘书怎么搞的，军官为什么非得爱护士呢？爱个其他工种的难道不行吗？要是已婚军官也都拿护士乱爱，不就是作风问题了？带着疑问翻过一页，不禁恼道："他妈的，还有一个兵。"原来不是要求军官爱护士，而是要他们爱护士兵！

新中国成立初，有个县领导被秘书的稿子闹得堵心。那时候，县领导识字不多的大有人在，而受当时条件所限，上台用的稿子也不是打印稿，而是由秘书手写。如果字写草了，出错的事就时有发生。有一次，这个领导在一次动员大会上读到这么一句话："我们必须大干、苦干加 23 干！"心里着实感动，心想我的这个秘书有种，为了这次动员大会，竟给我列出了 23 种干法，不得了。可稿子念完了，也没有看到"23 干"具体都是干一些什么。于是他又想，这小子别不会稿子给得不全？那时候当官的比较率真，竟当场将秘书叫到台上，打算问个明白。秘书一头冷汗上了台，小声说："头，那不是 23 干，是巧干！"领导这才明白秘书字写草了，于是当场不客气地给他好一顿批评。

20 世纪 60 年代曾发生一件更离奇的事：有个县领导讲话，上了台后，摸出稿子，清清喉，开场白不是"同志们"或者其他什么套话，而是很认真地、字字小心地念："惠安县人民政府稿纸！"那稿子写在县政府的专用稿纸上，这个领导做事可"认真"了，所以读稿时竟做到纸面上的文字一字不落。

其实，要避免类似的尴尬很简单：写好了，自己读读，动脑消化，动手修改，嵌进思想，融进感情。然后振奋精神，登台演讲，面对听众，眼神交流，动真情，说实话。即使疙疙瘩瘩，文采稍逊，也肯定比念稿效果好十倍。

脱稿演讲更适用于现场会

我们强调脱稿演讲，并不是说念稿演讲就没有存在的必要。在法律宣判、政治报告、传达上级重要文件或高级领导重要讲话等场合，就不宜脱稿讲，而应采取照稿宣读的方式。不但要事先准备好讲话稿，而且要经过充分讨论甚至集体研究决定。这样，既可以暗示内容的重要性，保持气氛的严肃性，又使发言内容逻辑严密、措辞准确，使之无懈可击。

美国传记作家法兰克·布鲁尼在《前路未卜》一书中，这样描绘2000 年美国总统竞选时的情景：

布什按照提前写好的讲稿，无休止地重复着自己的观点，这样他就不会犯低级错误……有时他也会在公开场合做些拙劣的自我发挥……也必须让听众提出一些问题。当布什这么做的时候，他的本能就是从已经准备好的演讲中重新抽取一些内容，弥补回答问题时可能出现的各种障碍。如果这么做不奏效，他有时会转而诉诸冗长的漫谈，有时就会模棱两可。

布鲁尼在书中进一步指出，布什总是希望能够按照他已经准备好的讲稿来回答问题，没有能力即兴发挥。他对人们提问的回答，充斥着无关痛痒的细枝末节和陈腐单调的老生常谈。一旦遇到激流险滩，他总是巧妙回避，王顾左右而言他。当回到被要求回答的问题上来时，他总是乐此不疲地扯到他经过充分准备的题目：教育，全体美国人民的新机遇等。有一次，他想就世界秩序的变化和美苏冷战模式的结束发表一些新看法，但他随意发挥的结果令人惊诧，大失水准。

布什自出任总统以来，多次在公共场合讲话时犯下语法或用词错误，如主宾格混用、搞不清单复数等。这些错误被媒体大肆炒作，人们也乐于效仿，以至于一些专门学布什口吻的人被冠以"口头的布什主义者"称号。

如果仅仅是为了脱稿而脱稿，则容易出现表达不全面、口语化明显等问题，缺少了一定的严肃性，反而容易铸成大错。而让领导干部把讲话稿通篇背诵下来，再在会场完全脱稿演讲，也是不现实的。因此，脱稿演讲更适用于小会、临时会、现场会的情况。要知道，本书倡导脱稿的初衷是让领导干部摆脱八股文、摆脱假大空的话风，并不要完全杜绝念稿演讲。

在初衷本为沟通、交流、协调等会议上念稿子，不仅让与会者反感，更解决不了实际问题。这是因为，沟通、交流、协调的过程是进一步加深认识、促进思考的过程，最终的结果往往随着会议进程的变化而变化。会前准备的发言稿，岂能未卜先知、提前预判会议进展？如果不能，念事先准备好的稿子就很可能提不出有针对性的意见和建议。因此，在参加诸如协调会、研讨会、座谈会、调研等活动时，都应带着问题去交流，在交流的过程中深入思考，而不是带着稿子走流程。

一些与会者只会念稿，无外乎几个原因：一是对自己的工作、对会议的议题心里没底，只能用官话、套话来掩饰不足；二是怕说错话、怕担责，明知讲稿言之无物，但却四平八稳，不会犯错误；三是形式主义作祟，认为不讲话、不表态显得不重视会议，哪怕是念稿子也算完成了任务。

当然，提倡脱稿讲话，并不意味着可以信口开河，而是提倡要讲实在话，要"肚子里有真货"。如果缺少理论基础和实践经验，哪有底气脱稿？

脱稿讲话不是作秀，而是对所讲内容的透彻理解，烂熟于心方能脱口而出。当然，并不是所有场合都不能念稿子。有这样一则趣事：

> 20世纪50年代初，时任上海市市长的陈毅有一次在上海文化广场做报告，著名导演黄佐临正好坐在主席台上讲台的后面。陈毅在发言过程中不时地拿起讲稿看看，但黄导演却发现陈毅拿起的"讲稿"上一个字也没有，不过是张白纸。陈市长的讲话是深受上海人民欢迎的，这次也不例外，台下不时响起热烈掌声。会后，他就问陈毅："陈老总，您怎么用一张空白的稿纸啊？"只听陈毅笑着回答说："不用稿子人家会讲我不严肃、信口开河嘛。"

陈毅元帅很了解听众的心理，尽管作为一位文武双全的杰出的革命家，他发言可以不用讲稿而出口成章，但为了满足听众的心理需求，强化劝说效果，他就"做戏"式地用白纸代替讲稿而脱稿讲话。

　　和念稿演讲比起来，脱稿演讲的效果更好一些。主要是脱稿演讲可以直抒胸臆，由于不借助讲稿直接与听众沟通，听众就会感到真实可信，并能集中注意力主动参与互动。

　　而在念稿时，演讲者因害怕一不小心就念错了，所以把注意力全放在讲稿上，唯恐自己看错行、念错字。这样的话，语气就会十分平淡，无法做到抑扬顿挫，更别说声情并茂了。

脱稿演讲表达更深刻

　　一次，哥伦比亚广播公司董事长杰科斯基去洛杉矶参加基督教和犹太人全国会议的颁奖仪式。在飞机上，他一直在准备受奖后的发言讲稿。第二天，娱乐大师唐尼·凯亚向杰科斯基颁奖。当杰科斯基拿着讲稿走向前台时，凯亚对他说："不要念，把你的感受告诉大家。"说罢他就抢走了演讲稿。僵持了一会儿后，杰科斯基开口了，讲出了他的内心真实感受，结果非常成功。

　　在适合脱稿演讲的许多场合，我们还是要多培养自己脱稿演讲的习惯。因为和念稿演讲比起来，脱稿演讲的效果更好一些。

　　捷克女学者卡尔瓦绍娃指出：脱稿讲比照稿念节奏更为从容、自由，容易达到声情并茂，使人感到生动形象，通俗易懂，乐于接受。从记忆的效果看，通过讲的方式人们大约记住材料的 33％，而通过读的方式人们只记住材料的 10％。由此可见，脱稿讲优于照稿念。在口头宣传中，宣传者对讲稿的依赖性越小，宣传者与被宣传者就越能充分地进行思想和情感沟通，演说效果就越好。

从听众的角度来说，面对念稿演讲，大家不但听起来兴味索然，且只能看到演讲者埋头念稿的样子，有时甚至连演讲者的面部表情都看不到，就更别说进行眼神交流了。正所谓，"低头念不抬头，恰似田间一头牛。"这时，演讲者往往也不知道台下的听众有何反应，因为怕分散注意力，只能在念稿的间歇偶尔抬头看一眼听众。有的演讲者过于紧张，会有意不去看听众，完全是在对着空气讲话，演讲的效果也可想而知。

在脱稿演讲时，演讲者脱离了讲稿的束缚，可以随时跟听众进行眼神交流。这样，他既能通过绘声绘色的讲话表达自己的喜怒哀乐，也能用眼神传达自己对他人的关注和善意。同时，还能根据听众的反应，及时调整自己的思路和语言。

1990 年夏季，美国总统布什访问匈牙利。按原定安排，布什将在匈牙利国会大厦前的科苏特·拉约什广场向群众做书面讲话。当他下飞机乘车来到广场时，雨下个不止，广场上一片伞的海洋，数千人在雨中一直等待欢迎他。

在欢迎仪式上，轮到布什讲话时，他笑容可掬地走到麦克风前，一边说"女士们，先生们"，一边向群众挥舞双臂致意。就在这一刹那，惊人之举发生了：只见布什从衣袋里掏出讲稿，双手举过头顶，哗啦几下把它撕成碎片。他对群众说：讲稿太长，为使大家少淋雨，改为即兴讲话。话音刚落，人群中立刻爆发出一片掌声和欢呼声。试想，如果布什置雨中群众的心理状态于不顾，按原计划照本宣科发表长篇讲话，尽管可能比脱稿发言内容充实，用词准确，逻辑性强，但决收不到如此奇特的功效。

《联合早报》曾做过一个有意思的对比：2007 年 8 月 8 日，新加坡总理李显龙发表了长达 3 个小时的国庆献词，从头到尾几乎是即席演讲。演讲时自信又有说服力，一方面谈笑风生，一方面又能激励他的国民，观众也屏息静气地听他所说的每一个字。而 3 天前，与新加坡地缘、文化相近的印尼总统苏西洛也发表了非常重要的独立日演说，但他是照念事前准备好的讲稿，内容沉闷乏味，基本上就是把每个政府部门呈交上来的几段话流水账式地编在一起。观众席上，有的人忙着发手机短信，有的在翻阅报纸，有的则呼呼入睡。

李显龙和苏西洛分别代表了两种不同的话语形象，前者是在跟国人演说，后者则是对国人演说。"跟"体现了一种平等的友好沟通，"对"则显示了一种指令式的机械讲话。不同的话语形象，最终也决定着他们在民众中的印象。

脱稿演讲的形式更灵活

念稿演讲时讲究结构严谨，经常是几大问题、几小问题、几个点等，条条框框的，限制得比较死。这种僵化的语言，使听众听完这部分往往就忘了上部分。演讲者在念稿时，不敢有任何题外的发挥，无法随便插进即兴语言，也不能随意停顿，否则可能会破坏了整个讲稿的结构。

因此，除了年度工作报告、重要会议的发言等正式场合需要念稿子之外，在一般性的汇报工作、讨论问题的会议上，脱稿演讲更合时宜。而脱稿演讲时，只有一个主题和大纲，演讲的过程中，可以随时调整思路和时间，还可以结合现场情况增减讲话内容，有话则长，无话则短。不要看到听众已经心不在焉，你还在"埋头苦读"，造成演讲者和听众的双重折磨。

实践已经证明，无论是部署工作、向上级汇报，还是致辞、同来宾交流，脱稿演讲能够增强讲话的针对性和实效性。特别是在汇报工作和发表意见时，脱稿可以直奔主题，避免讲稿为追求结构严谨、面面俱到而套话连篇，结果却让人听半天也不知所云、接触不到正题。

当然，并不是说能够脱稿演讲就说明我们的能力强、水平高，但脱稿演讲至少能说明我们在会前是经过认真思考和精心准备的，能够使与会者感到备受尊重，同时也是对自己负责的一种表现。另外，同长篇大论地念稿相比，脱稿演讲能够很大程度上节约会议时间，提高了工作效率。毕竟很少有人能背下上万字的讲稿，为了避免出错，演讲者必然会言简意赅。

脱稿演讲增添个人魅力

脱稿讲话为什么这样受欢迎？这是因为，讲者自信、用心，听者舒畅、入心。综观古今中外的演讲家，无一不是脱稿演讲的高手。

据英国《每日邮报》报道，英国首相卡梅伦在演讲时习惯脱稿，极富激情和真诚的演讲帮助他从一个寂寂无闻的议员成为保守党党魁，最后成了英国首相。

1948 年的美国总统大选堪称最出人意料的一次，舆论界一致认为必败的杜鲁门，竟以 100 多张选票的优势击败了共和党人托马斯·杜威，蝉联总统，令许多人大跌眼镜。

就大选前形势看，美国历史上恐怕没有哪位在职总统比杜鲁门更不占优势了。作为罗斯福的继承者，杜鲁门注定了要生活在伟人的阴影下，加上民主党已连续执政 15 年，积累了无数社会矛盾，人们对政府怨声载道，舆论认为杜鲁门必定下台。当时预言杜鲁门失败的有多家极富影响力的媒体以及著名的盖洛普民意测验创始人乔治·盖洛普。他们开展的民意调查显示，民众无一例外地倒向了杜威。

除了杜鲁门自己，大概没有人相信他会赢得这次选举。为挽回颓势，杜鲁门利用在职总统每年 3 万美元的旅行费，乘坐火车周游全国，进行了为期 3 个月的巡回竞选。每到一地，他就在站台即席发表措辞辛辣又不失人情味的演说，获得越来越多普通民众的拥戴，所到之处都有人为他喊"加油，哈里！"

当杜鲁门手持印有"杜威战胜杜鲁门"大幅标题的《芝加哥论坛报》回到华盛顿时，受到 75 万人的热烈欢迎，而新闻界则沦为全国的笑柄。

一些知名的有魅力的演讲者，很少会头不抬眼不睁地盯着稿件，他们往往已经对演讲内容烂熟于心，稿件其实只是起到辅助作用。

试想一下，如果马丁·路德·金在激昂的演讲《我有一个梦想》时，一直低头念稿子，可能冲击力就不会这么强了。如果听众想要听的是这种演讲，可能还不如把稿子印一下发给大家看比较好。这就跟听现场演唱会和去网上下载音乐的区别一样，听众希望看到的绝对不是一场严丝合缝的演讲，而是希望感受现场的氛围和魅力。照本宣科地演讲，完全剥夺了听众这样的权利，所产生的负面效果可想而知。而且，对于大部分听众来说，能够脱稿演讲，证明了一个演讲者的能力很强，这也会增加演讲者的权威感。而这样的权威感一旦建立，演讲将会收到非常好的效果。

TED 演讲风靡全球，为什么不超过 18 分钟的演讲，平均点击率却超过百万次，最高的甚至超过 2 500 万次？为什么连比尔·盖茨、史蒂芬·霍金、阿尔·戈尔（美国前副总统）这样的商界、学界与政界精英都竞相登上 TED 的舞台？ TED 演讲的秘密究竟是什么？ TED 的掌门人克里斯·安德森在《哈佛商业周刊》发表了名为《如何做顶级演讲》的文章。其中，他这样写道：

> 发表一个演讲有 3 个主要的途径：你可以照着手稿或提词器直接读；你可以记下演讲提纲来提示你要讲的具体内容而不是把整个演讲都记下来；或者你可以记住全部内容，当然这需要大量的排练预演，直到你最终能完全把控演讲内容。
>
> 我的建议是：别照着读，不要使用提词器。提词器通常会有一段距离，人们会知道你在照着读。并且一旦他们发现了，他们的注意力就会转移。突然你就与观众变得疏远，从而变得太官方。在 TED 我们一般不允许照着读的行为，虽然几年前有个例外，因为有个演讲者坚持使用显示器。我们在观众席的后面设置了一个屏幕，希望观众不会注意到它。起先他讲得很自然，可没过多久他僵住了，当人们发现"他在照读"的时候，你可以看到一种很糟糕的消极情绪在观众间传递。虽然他的演讲内容很精彩，得到的评分却很低。
>
> 我们很多最受欢迎的 TED 演讲都是脱稿的。如果你有

充裕的时间做这样的准备，这其实会是最好的演讲方式。不
过不要低估这项准备工作所需要的时间。TED 上最令人难忘
的一个演讲者是吉尔·伯特·泰勒，一位得过中风的大脑研究
员。她分享了自己在这 8 年的大脑恢复期间学到了什么。在
仔细雕琢并一个人练习了数十小时后，她又在一个观众面前
演练了十几次以保证她的演讲可以成功。

总之，脱稿讲话不但能够突显演讲者的智慧、自信及应变能力，
提升其个人魅力，重塑自身形象，而且也是其真抓实干、求真务实的一
种体现。

告诉听众如何获得他们想要的东西

有一个几乎不败的方法，可以让听众密切注意你的演讲，那就是告诉听众：如果他们按照你的建议去做，就可以获得他们想要的东西。这方面也有一些成功的例子：

我要告诉各位如何防止疲倦，如何让自己每天多保持一个小时的清醒。我要告诉各位如何多增加实际收入。

如果各位听我 10 分钟，我答应一定告诉各位，一个使你更受人欢迎的方法。

这种给出承诺的开场白必然会获得听众的注意，因为它直接涉及听众的自我关注问题。演讲者经常忽略自己的题目与听众兴趣之间的联系，他们不去打开通往注意之门，却说些无聊的开场白，追溯自己演讲题目的由来，并且大谈背景，以至于忘了自己的主旨。

有一个演讲，题目本身对听众颇有吸引力：定期做健康检查的必要性。但是演讲者从一开始就讲了一段延年益寿研究所的历史，而不是以巧妙的开场白来增加自己题材的吸引力。于是听众便对他和他的题目兴味索然。如果这位演讲者依照"承诺"的技巧来做开场白，效果便会大大增强。

你知道你可以活多久吗？据一家保险公司统计，你的平均寿命大约是你目前年龄与 80 岁之间的 2/3。例如，假设你今年是 35 岁，你目前年龄与 80 岁之间的差距是 45 岁，那么，你大约可以再活上这个数字的

2/3，也就是说，你最少可再活30年。这样就够了吗？不！不！我们都热烈地渴望能多活几年。然而，这些统计数字是根据几百万份记录得出来的，我们能不能突破这项限制呢？当然可以，只要有充分的预防，我们就可以办得到。但第一步就是要进行一次彻底的健康检查。

这样的开始是不是很有吸引力？

（本文摘编自戴尔·卡耐基：《卡耐基口才训练全集》，浙江人民出版社，2005年出版。）

第 **2** 章

做自信的
演讲

TEDSHI TUOGAO YANJIANG

演讲若能使聋子看得懂，则演讲之技精矣。

—— 陶行知

·ıılıl |ılılı· CHAPTER 2

你无法凭空获得信心。信心不是可以从外部获得的东西，也没有人能赐予你信心。信心来自挑战自我的过程，通过战胜困难产生。倘若不如此，信心就会消失。信心来自一系列胜利的积累，不管这些胜利是大还是小。在恰当的时间，拥有正确的知识和技能是绝对必要的。想克服恐惧，你只能做自己最害怕的事情，向自己证明你能处理好它，能战胜它。

演讲：人类最害怕的事？

也许大多数人并不知道，马克·吐温以演讲为主要收入来源，而不是写作。他曾说：世界上有两种演讲家，要么是紧张的演讲家，要么是骗子，因为说不紧张的那些人都在骗人。

一项研究指出，人们最害怕的事情就是公开演讲。美国著名喜剧演员杰瑞·宋飞曾就此调侃道："参加葬礼时，躺在棺材里都比致悼词要舒服。"

美国作家兼职业演讲家斯科特·博克顿揭示了人们在演讲中恐惧的原因：

人们害怕在大庭广众之下讲话是可以理解的。但是我曾遇到有人在演讲到一半时，逃命似的从讲台左边的紧急通道跑出。我们总不能说演讲比死亡还恐怖吧！当你问别人是如何害怕演讲时，他们经常会反问："你不知道人们宁可死也不愿意演讲吗？"

这个所谓的"事实"表明，人们宁愿跳楼或吞下氰化钾胶囊，也不愿意在同事面前做一个简短的演讲。然而，从没有报道过有人因为要做演讲而自杀的案例。既然现实生活中并无此例，那么我们不禁会问：这种说法从何而来呢？

我们能从大卫·沃伦斯基等人写的 *The Book of Lists* 中看出端倪。此书于 1977 年出版，书中记录了一些生活琐事。其中有一个清单，上面列举了人们所害怕的事情。在这个清单中，名列榜首的正是演讲。题为"人类最害怕的事"的清单排列如下：

当众演讲　恐高　昆虫

财务问题　深水　疾病

死亡　飞行　孤独

狗　开车 / 乘车　黑暗

电梯　扶梯

认为演讲比死还要可怕的人，一定不是以这个清单为依据的，因为如果看过这个清单，他们就会觉得这些如果是真的话，就太蠢太傻了。

我们的大脑认为以下 4 点会危及生命：

▶ 独自站立

▶ 在没有地方躲避的空旷地域

▶ 手无寸铁

▶ 在一群人的注视下

　　对于所有生物而言，当以上 4 种情况并存时，的确会造成威胁，因为这意味着你被袭击或被吃掉的可能性极大。许多猎手都是结对打猎的，他们最早的猎物都是独自处于一块毫无遮蔽物的地方（如舞台），并且手无寸铁。我们的祖先在历经这些威胁后生存下来，同时也将这种恐惧遗传给我们。大脑的这种固定思维模式早就已经有了，比演讲甚至比说话的历史都要早上千百万年。当人们遇到这些险境时，大脑的固定模式会让我们想起最坏的情况下的应对方法，这会使我们难以消除恐惧感。我们对此毫无办法，至少不能完全避免恐惧。这种思维模式根深蒂固地存在于我们的大脑中，并且和许多其他的重要功能一样，几乎完全无法控制。

　　爱默生说："恐惧较之世上任何事物更能击溃人类。"来到世间的时候，你不会说话，他也不会，更别谈口才，那为什么后来他的口才了得，而你却被恐惧笼罩呢？走出恐惧最快的方法就是不断去做那些令你恐惧的事。

　　卡耐基认为，某种程度的登台恐惧感对人们练习演讲反而是有益的，因为人类天生就具有一种应付环境中不寻常挑战的能力。他这样提醒人们，当你注意到自己的脉搏和呼吸加快时，千万不要过于紧张，而要保持冷静。因为你的身体一向对外来的刺激保持着警觉，这种警觉表明它已准备采取行动，以应付环境的挑战。

　　如果你实在害怕得要命，实在无能为力，那么请记住卡耐基的这句话："你要假设听众都欠你的钱，正要求你多宽限几天；你是神气的债主，根本不用怕他们。"

记住了吗？那开始去干吧，任何公众场合的聚会，请你勇敢站起身来，说上几句自己的建议，哪怕只是附和也罢；参加会议，请邻近主持人而坐，千万别去敬陪末座，即使做不到也要尽量令自己的谈吐洒脱一些；不论是工作还是生活，任何场合，只要需要你开口，需要你说话，都必须好好把握，把你当作最闪亮的那一位。**好口才并非从天而降，而是在你不知不觉克服恐惧的过程中慢慢得来。**

克服恐惧感的几种训练方法：

目光训练法：找人与自己对视，在此过程中不需要讲话。或者在散步的时候，故意从人多的地方走过，并用眼神与他们对视交流，把他们想象成自己在演讲时的听众。

还有，在坐公交车或地铁时，把车上的乘客当成自己的听众，想象着如果这些人是自己的听众，该与他们用什么样的眼神交流。如果平时在人多的时候，你也能与大家自然地进行眼神的交流，那么上台的时候，看见听众就不会那么紧张了。

目光转移法：如果你没有足够的时间练习直视听众，在与听众对视的过程中，还是觉得紧张和恐惧，那么，我们建议你可以使用目光转移法。你可以盯着讲台下中间部分的某个桌子或者某瓶水来演讲。这样，你就可以不直接面对听众的眼神，但是却可以让听众觉得你是一直在看着他们交流的。此种方法尤其适合听众较多，讲台与听众距离稍远的时候。当然，最好，你也不要只盯着一瓶水，可以适当换一瓶水，要不听众就会觉得你只关注那一个区域的人，而将他们忽视了。

调节动作法：如果演讲者在台上演讲的时候十分紧张，仔细观察你就会发现，这时候演讲者的身体都是僵硬的，浑身的肌肉都是紧缩的，绷得很紧。演讲者如果在演讲过程中发现自己存在这种现象，可以适当地换个姿势或者动作，这样就会稍稍减轻一些紧张的情绪。稍稍走动几步或者喝口水，换一下站姿都可以。如果前面有讲台的话，演讲者可以在下面偷偷地握紧拳头，坚持几秒后再放松，这样反复几次，身体就会放松下来。

专注所说法：这种方法是指演讲者在心里不断告诉自己要专注自己所说的话，把注意力放在演讲的内容上。把自己当成一个传递者，自己的目的是将一些有用的内容传递给观众，所以自己只要尽量把该说的说清楚就好，而不是一直想着听众怎么评价我，我今天的形象怎么样等。也就是说，要忘却自己，心中只有观众。这样，不但演讲者可以消除自己的紧张心理，而且还会有更多的精力去关注听众，关注听众的反应，因此，也会有较好的互动。这样，自然就不会紧张了。

态势语言：演讲要使聋子也看得懂

古希腊著名的演说家德摩斯梯尼认为："演讲的秘诀在于姿态。"我国的教育家陶行知先生说过："**演讲若能使聋子看得懂，则演讲之技精矣**。"古今中外的演讲家都十分重视态势语言的运用，并把它当作辅助工具，来增强演讲效果。

常看到一些演讲者迈着软绵绵的步子，好像生怕踩到什么似的，弯腰弓背就上台了，然后习惯性地扶一扶眼镜，摸一摸话筒，舔一舔嘴角，带着慌乱的眼神，快速扫一眼台下的观众，再从兜里摸出演讲稿，做贼一般低头瞧一眼，又抬头，双眼茫然望着观众后面的某根柱子，颤巍巍就吐出了第一个字。

这样的开头会有什么样的结局？想必大家都能想到。那么一个成功的演讲者应该使用什么样的身姿呢？怎么能够学会从容不迫地用这种身姿去完成一次完美的演讲呢？

演说时的姿势会带给听众某种印象，例如堂堂正正的印象或者畏畏缩缩的印象。虽然个人的性格与平日的习惯对此影响颇巨，不过一般而言仍有方便演讲的姿势，即所谓"轻松的姿势"。要让身体放松，反过来说就是不要过度紧张。过度紧张不但会表现出笨拙僵硬的姿势，而且对于舌头的动作也会造成不良的影响。这种姿势的诀窍之一是张开双脚与肩同宽，挺稳整个身躯。另一个诀窍是想办法扩散并减轻施加在身体上的紧张情绪。例如将一只手稍微插入口袋中，或者手触桌边或者手握麦克风等。

如果你忘记了怎样保持良好的姿态，又要面对观众演讲时，请记住这一点：如果一个人非常专注思考他的题目，急于把他的意见表达出来，以至忘掉了自己的存在，谈话及举止都会很自然，那么他的姿态及表达方式将不会受到批评。自然、有活力……是姿态的极好表现形式。

良好的姿态语言能使演讲者形成一种独特的风格和形象。它不仅能给人以美的艺术享受，同时也是演讲者文化素养和美学观念、风度、形象的直接反映。正如英国哲学家培根说的那样："相貌的美高于色彩的美，而优雅得体的动作的美又高于相貌的美，这是美的精华。"

手的表达能力仅次于脸

演讲中最常见的错误是人们会过于频繁地移动身体。他们会晃来晃去或者把重心在两腿间不停移动。人们在紧张的时候常常不自觉这样，但是这样做容易分散观众的注意力，而且使演讲者看上去没有说服力。只要减少下半身的移动就可大大提高台风。不过也有人能够在演讲时在舞台上自如地走动，只要足够自然，这倒也无妨。但对于大部分人最好还是站定了就不要晃动，仅通过手部姿势来强调重点。

美国心理学家威廉·詹姆斯认为，在身体的各部分中，手的表达能力仅次于脸。恰当地运用手势，对于加强口语的语势，补充口语的不足，表现演讲者的体态形象，增强演讲的说服力和感染力都有着重要作用。

在讲话中，手放置在哪里的问题往往让我们头疼。如果你在讲台后面，你可以将双手自然地放在讲台两侧。如果没有讲台的话，可将双手自然垂在身体两侧，或者让双手握在胸前。

下面为大家介绍一些手势的含义，在讲话时穿插一些正确的手势，可以为你的演讲增添几分风采。

仰手式：掌心向上，拇指张开，其余几指微曲。手抬高表示欢欣赞美；手部平放表示诚恳地征求听众意见；手部降低表示无可奈何。

覆手式：掌心向下，这是在有必要抑制听众情绪时，以达到控制场面的目的而做的手势。

切手式：手掌挺直全部展开，手指并拢，像斧子飕飕地劈，表示果断、坚决、快刀斩乱麻等。

琢手式：手指并拢呈簸箕形，指尖向着听众。这种手势具有强烈针对性、暗示性，但容易形成挑衅、威胁，一般只有必要时才使用。

剪手式：五指并拢，手掌挺直，掌心向下，左右两手同时运用，随着有声语言左右分开，表示强烈拒绝。

手抓式：五指稍弯，分开、开口向上，这种手势主要用来吸引听众，控制现场气氛。

手压式：手臂自然伸直，掌心向下，手掌一下一下向下压去。当听众情绪激动时，可用这种手势平息。

抚身式：五指自然并拢，抚摸自己身体的某一部分。以这种手势把手放在胸前，往往成为一些演讲者的习惯手势。双手抚胸表示沉思、谦逊、反躬自问。如果抚头表示懊恼、回忆等。

挥手式：手举过头挥动，表示兴奋、致意，双手同时挥动表示热情致意。

拳举式：单手或双手握拳，平举胸前，表示示威、报复。高举过肩或挥动或直捶或斜击，表示愤怒、呐喊等。这种手势有较大的排他性，演讲中不宜多用。

按活动的区域，手势可分为：

肩部以上，称为上区手势。手势在这一区域活动，一般表示理想、希望、喜悦、祝贺等；手势向内、向上，手心也向上，其动作幅度较大，大多用来表示积极肯定的、激昂慷慨的内容和感情。

肩部至腰部，称为中区手势。手势在这一区域活动，多表示叙述事物、说明事理和较为平静的情绪，一般不带有浓厚的感情色彩。其动作要领是单手或双手自然地向前或两侧平伸，手心可以向上、向下，也可以和地面垂直，动作幅度适中。

腰部以下，称为下区手势。手势在这一区域活动，一般表示憎恶、鄙视、反对、批判、失望等。其基本动作是手心向下，手势向前或向两侧往下压，动作幅度较小。

需要注意的是：

> ▶ 所有的动作都应该流畅自然。

> ▶ 不要把手插在口袋里。

> ▶ 将手和手臂自然地在身体两侧下垂，轻微屈起食指，不要扭在一起或紧握拳头。

> ▶ 手想要怎样就让它怎样，直到它不再回到你的口袋或在听众面前做一些惹人讨厌的手势。

> ▶ 手可以指点着假想的物体，不要用食指指着别人。

> ▶ 如果想要强调长度尺寸的大小，将两手伸向前方，尽量分开，并上下移动。

演讲中，自然而平稳的手势，可以帮助演讲者平静地说明问题；急剧而有力的手势，可以帮助演讲者升华感情；稳妥而含蓄的手势，可以帮助演讲者表明心迹。演讲手势贵在自然，切忌做作；贵在协调，切忌脱节；贵在精简，切忌泛滥；贵在变化，切忌死板；贵在通盘考虑，切忌前紧后松或前松后紧。

演讲的手势可以说"词汇"丰富，千变万化，没有固定的模式。作为一个出色的演讲者，平时要认真观察生活，刻苦训练，积极付诸实践。

表情是心领神会的哑语

　　演讲要靠嘴，这是不容置疑的，但是，演讲还包括一般的传情达意和交际功能。演讲不仅是将要说的内容表达清楚，它还包括人的无声语言——面部表情。一般情况下，表情是伴随着口头语言出现的，脱离语言，表情便成了心领神会的哑语。但是，当二者结合起来，你会惊奇地发现，它比语言更能表达人的情感。

　　比如，说"你好"的同时，或向对方报以微笑，或点头示意，或打个手势，都可以增强"你好"的感染力。嘴里在说"你好"，面部表情却淡如清水，没有相应的积极的反应，这必然会大大削弱"你好"的沟通力。

　　很多人可能还记得人民艺术家龚琳娜唱神曲《忐忑》时的场景。这首曲子本身没有一句歌词，只有没有任何意义的声音，但演唱者惟妙惟肖、极度夸张的表情和肢体语言将那种忐忑之情演绎到了极致。她时而摇头晃脑，时而双眼大睁，时而横眉怒目，时而开怀大笑，时而愁眉不展，再加上大开大合的肢体语言，赋予了歌曲比歌词更有感染力的魅力。也许最初，人们并不想听这首曲子，但是看着演唱者投入地表演，自己似乎也整个心都没有着落地体会到那种忐忑不安的感觉了。

　　可以说，从你站上讲台的那一刻起，听众就在注意你的一举一动，你的喜怒哀乐影响着他们的喜怒哀乐。不过，没有人是生来就表情丰富的，多数人都是在后天的不断磨炼中练就的。

　　美国著名教育家卡耐基在说到罗斯福演讲时，说他全身好像一架表现感情的机器。他满脸都是动人的感情，这样使他的演讲更有力、更勇敢、更活跃。当代著名演讲家、演讲理论家邵守义演讲时脸部表情丰富多彩，表现着复杂的思想情韵。**不要让演讲带来的紧张压力把你的脸变成一张面无表情的扑克脸。你自然的面部表情可以为有效沟通提供又一种渠道。**

对于演讲者来说，近距离接触中能发生作用的微妙脸部变化，后排听众是察觉不到的。你不需要事先对着镜子练习鬼脸、微笑和怪相——你所需要做的只是在正常表情的基础上略作夸张而已。

面部表情必须遵循以下原则：

准确。首先，面部表情作为一种演讲表达的形式，应与实际内容和现场气氛相统一；其次，面部表情的变化要与演讲者的意图相吻合。

自然、真诚。要自然真诚，发自内心，尽量保持日常生活中的自然。一个精彩的演讲必须特别真诚，让人感觉到每一句话都是演讲者真情的流露。

有些演讲言辞华丽、引经据典，但就是引不起听众的共鸣，是因为演讲者把重心放在了自己身上，把卖弄学问和语言当作了核心。有些演讲者演讲时表情夸张，但激动的只有他一个人，也是因为其把演讲当作了一种表演，没有把自己的真诚真心放进去。所以，在演讲过程中，表情既要有灵敏感和鲜明感，又要有真实感和艺术感，但不要刻意追求演员式的表情。

面部表情变化多种多样，很难一概而论。演讲者不要刻板地按照一个模式去做，也不可以放任。

别让你的眼神出卖你

在台上最关键的肢体语言或许应该是眼神交流。在观众席里找五六位看起来顺眼的，在演讲时眼神盯着他们看。把他们当成你很久没见到的老朋友，想象你正把他们带进你的工作中来。这样的眼神交流将变得不可思议地有效，它比其他任何方法都要对你的演讲有帮助。即使你没有时间做好充足准备，必须得照着稿子读，那么抬起头做一些眼神上的交流将会产生巨大的反响。

在当代的商业领袖中，史蒂夫·乔布斯可能是最伟大的一个演讲者了，即使说他是演讲大师也不为过。苹果公司的新产品发布会，几乎每次都是由乔布斯一个人别着个领夹式麦克在台上唱独角戏。但这个精力充沛、意志坚定的五十来岁老头儿的演讲，受追捧的程度甚至可以和摇滚歌星的演唱会相媲美。

乔布斯比一般的演讲者更注重保持目光的接触，他很少在演讲时读幻灯片或注释。乔布斯并没有完全淘汰注释。进行示范展示时，他常常会参照事先准备好的注释提示。苹果公司的 Keynote 演示软件，使得演讲者可以很容易地参考准备好的注释，而观众只能看到显示在投影仪上的幻灯片。如果乔布斯逐字逐句地阅读注释，台下没有人会明白。但事实上，他一直和听众保持着目光交流。他会偶尔扫视一张幻灯片，然后迅速将注意力转移到听众身上。

大多数演讲者把太多时间花在逐字阅读幻灯片文本上。进行示范展示时，平庸的演讲者基本上完全忘却了和听众保持目光交流。研究发现，目光交流意味着诚实、守信、真诚和信心。避免目光的接触则意味着缺乏信心和领导能力。缺乏和听众的目光交流绝对会使你失去听众。

乔布斯之所以能一直和听众进行良好的目光交流，是因为他总是提前几个星期就开始排练。他对每张幻灯片上的内容了如指掌，他排练得越多，演讲的内容就越了然于胸，和听众之间的交流也就更加易如反掌。大多数的演讲者都缺乏排练，熟练程度不够。

说话不是一种单方面的沟通行为，而是相互刺激以达到目的的一种举动。当你说话时，听者也会用目光来表示他们的反应。所以，你说话时，也必须同时报以目光，以维系与听者的感情交流，这是一种巧妙的默契。

在《老残游记》中有这么一段，说书人白小玉出场后有这样一个眼神："那双眼睛，如秋水，如寒星，如珠宝，如白水银里头养了两丸黑水银，左右一顾一看，连那坐在远远的角落里的人，都觉得白小玉看见我了。"白小玉出场后还没有说话，仅仅是放眼一扫，就征服了在场的观众，这就是眼神的魅力。

可以说，如果一个人讲话的时候眼神飘忽，与口头语言的表达不协调，其表现力、感染力、说服力就会逊色许多。从控制力上来说，演讲者的眼神与观众的眼神就是一场博弈，彼强此弱、彼弱此强。

练习演讲眼神的方法有以下几种：

在前上方找一个固定的点，睁眼看片刻、闭眼看半刻，早晚各 5 分钟。这种方法最大的好处是可以锻炼眼部肌肉，消除眼部皮肤的松弛，从而增加眼睛的清爽度。同时集中视线，使你的眼神集中在一个地方，而不是涣散无神。这样，你就会发现自己的眼神焦点集中、明亮有神，一下子就能够吸引听众的注意力。

对着自己的眼睛说话。你可以将一面镜子放在面前，对着镜中的自己说话，出声也可，不出声也可以，但一定要专注地看着自己的眼睛。这样一方面可以使你有对象地练习，增强说话对象的存在感，另一方面也可以使你及时发现自己的不足从而予以调整。

对着观众练习，直到你一开口就不由自主地按照自己练习的那样去做为止。当然，这里观众可以是一个人也可以是两个人，可以是家人也可以是朋友，最重要的是，你要看着他们的眼睛说话，脸部的表情要放松。这有利于你能及时地获得他们的回馈以便改正不足之处，还可以克服不敢看观众的习惯。

在和听众进行眼神交流的时候，着眼点应该是所有的听众。即使因为问答的需要，你需要和某一位或某些听众进行单独的眼神接触，也要在问题处理完了以后迅速将眼神投注到其他听众身上，而不要从始至终地注视着自己的亲友团或某些听众，以免其他听众产生被忽视的感觉。

在不同听众之间进行眼神转换的时候不要太过频繁，那会给人以目光闪烁不定的印象。你可以把眼光放在会场的中间部位，同时用眼角余光关注其他部位听众的反应，这样，如果有人做出了某些反应，你就可以及时给予相应的回应。

如何将眼神照顾到所有听众，下面有几种方法：

环视法：演讲者有意识地环顾全场的每个听众，从左到右，从前到后，从听众的各种神态中了解和掌握现场的情况与情绪。这种方法既使用在演讲的开头，也不断地作用于演讲的过程中。开头的环视，即演讲者一走上讲台，站定之后，就立即环视全场，戏剧中叫"亮相"。这种环视的作用有三：其一，向听众打招呼，是尊重听众的一种表现；其二，体验听众情绪和现场情况，便于把握好演讲的方式与重点；其三，帮助静场。

　　点视法：把目光集中投向某一角落、某一部分，或者个别听众，并配合某种手势或表情。这是一种最有实效，最有内涵的眉目语言。譬如有的听众面带微笑，频频点头，甚至情不自禁地鼓掌喝彩，演讲者投去一丝亲切的目光，这是表示赞许、感谢；有的听众轻轻摇头，甚至还在嘀咕着什么，演讲者在做了某种调整以后，再盯着看一眼，这是表示征询、探讨；有时会场的某一角，某一部分听众发出议论声，甚至有骚动，演讲者立即把目光投过去，这是表示调整和制止。

　　虚视法：即虚眼。演讲者的目光在全场不断扫视，好像是看着每个听众的面孔，实际上谁也没看，只是为了造成演讲者与听众之间的一种交流感，弥补因为环视和点视而可能使部分听众感觉受冷落的缺陷。

声音中不能承受之轻

　　《红楼梦》里林黛玉进贾府那场戏中，王熙凤一边放声大笑一边说："我来迟了，不曾迎接远客！"可谓"未见其人，先闻其声"。她用极高调的声音展示出其泼辣的性格，让人印象深刻。可见，声音是一种极具特征的媒介。

　　在美国不仅政治家，就是企业家想功成名就，讲话时的声音也是重要条件之一，所以练习发出理想的声音，是一个重要的课题。在日本等国发音练习十分受重视，因为在商业社会中，电话使用率高，并利用电视电话进行会议，声音的重要性也更加突显。所以专门指导发音的练习班十分流行。在日本，田中角荣磁性的沙哑声音，有利于他的声望。

中曾根首相咬字清晰，给人精明的感觉。

生活中，无论是打电话还是面对面，我们都不可避免地从声音中获取想要的信息。我们时常会认为某歌手或者某主持人的声音有魅力，其魅力不仅在于先天的音质，更在于声音能够适应当时的场景，能够表达其内心的情感。在一些演讲场合，通常能够吸引我们注意力的是那种浑厚、诚恳、热情洋溢的声音。听这样的声音，我们会感觉像是置身于一个巨大的磁场中而无法逃离。而那种单调、没有激情的声音是很难吸引听众注意力的。

"气乃音之帅。"气息是声音的原动力，科学地运用运气发音方法，可以使声音更加甜美、清亮、持久、有力。要达到这个目的，平时要加强训练，掌握胸腹联合呼吸法。其要领是：双目平视，全身放松，喉松鼻通，无论是站姿还是坐势，胸部稍向前倾，小腹自然内收。

吸气方法是：扩展两肋，向上向外提起，感到腰带渐紧，后腰有撑开感。横膈膜下压腹部扩大胸腔体积，小腹内收，气贯"丹田"。用鼻吸气，做到快、缓、稳。

呼气方法是：控制两肋，使腹部有一种压力，将气均匀地往外吐，呼气时用嘴，做到匀、缓、稳。

多数人会有这样的经验：当坐姿不正确时，发音也会感到困难，可见姿势与声音有密切的关系，不良的姿势不可能发出悦耳的声音。歌手演员们为了发出好听的声音，都是先从姿势训练开始。因为姿势良好不会压迫声带，可以毫不费力地发出响亮的声音。训练姿势的方法是站立在墙壁旁，肩胛骨和脚跟紧靠墙壁，此时腰部有一拳头宽的空隙，这就是能发出好听声音的基本姿势。坐着说话时要尽量伸直脊椎骨，这样说话时易扩张胸部，声音也较易发出，这是自己可以感觉到的。而且，如果发现今天声音不太对劲，多注意姿势就可改善声调，并轻轻练习 ia、ia、ia 的声音，便可改善。若紧张而发不出声音时，可做深呼吸，或与周围人聊聊，放松紧张的情绪。

了解自己，确定风格

人们往往羡慕演讲家，他们能在大庭广众之下滔滔不绝，能够毫无惧色地表达自己的观点，能够灵活自如地用非常独特的、个性化的、富于幻想的方式道出听众们想听的话。这是怎样的人生风采。但演讲魅力却不是能够复制的，你需要打造属于自己的风格。

没有人喜欢呆板的程序化的演讲。演讲者不仅要形成自己的演讲风格，而且要学会把自己光彩的一面展示给观众。选择什么样的演讲风格，关键看你是什么类型的人，具有什么样的个性，具有什么样的特长。你是一个时刻充满激情和力量的人，还是一个亲和，能够平易近人的人。充满激情和力量的人，激昂型的演讲风格更适合你；亲切而平易近人的人，更容易形成朴实或亲切型的演讲风格。所以，要了解你自己，确认你的演讲个性。这样，你才知道什么样的演讲风格适合自己。

著名学者钱钟书先生虽然在正式场合的演讲次数并不多，但他仍不失独特的演讲风格，儒雅博学，有大学者的风度。他随口说出的典故，常令人猝不及想，这些典故有俗有雅、融会贯通。而且，他最善于从人们不易察觉的生活小事、俗言俚语中发现人生或艺术的大道理，启发人思考人类文化互相贯通的问题，从而产生浓厚的兴趣。

美国有史以来最著名的一场辩论发生在 1858 年，地点是伊利诺大草原的一个镇上，辩论的双方分别是道格拉斯参议员和林肯。林肯个子高而笨拙，他的对手道格拉斯则矮而优雅。这两个人不但在外表上迥然不同，在个性、思想、立场和见解上也完全不一样。

道格拉斯身处上流社会，林肯则有"劈柴者"的绰号，他常常穿着短袜子就走到大门口去接见民众；道格拉斯的姿态十分优雅，林肯则显得比较笨拙；但道格拉斯完全没有幽默感，而林肯则是有史以来最伟大的讲故事专家之一；道格拉斯不苟言笑，林肯则经常引用事实及例子来打动听众；道格拉斯骄傲自大，林肯则十分谦虚且宽宏大量；另外，道格拉斯的思考速度很快，林肯的思考过程则是慢条斯理的；道格拉斯说起话来犹如狂风暴雨，林肯则显得比较平静，表达思想时非常深入，且十分从容不迫。

这两个人虽然外表与内在迥然不同，但他们都是不同凡响的演讲家，因为他们都具有无与伦比的勇气与超乎常人的感知。如果其中任何一个人企图模仿对方，他一定会在这场辩论中败得很惨。幸运的是，每一个人都把自己的独特才能发挥到了极点，从而使自己既显得与众不同，又具有说服力。

独特的演讲风格将使你在众多的演讲者中出类拔萃，将使你的演讲充满魅力，使听众对你的演讲久久难忘。在此过程中，需要注意以下几点：

演讲要切合自己的身份。不管你是在编写演讲词，还是在即兴发表意见或是说话时都要符合你的身份，才容易形成独特的个人风格。

演讲要切合自己的性格。人与人相比，其性格总是不相同的。如有的人稳重练达，有的人天真烂漫，有的人谦虚谨慎，有的人机警灵活等。抓住自我，认识自我，发挥自我的长处，那么，创造你的个人风格就有了良好的开端。

演讲要切合自身的教养。善于演讲的人都是根据自身条件扬长避短，最后形成了自己独特的风格。鲁迅先生是思想家、文学家，他善于哲理性的思考、冷峻的幽默加犀利的讽刺。他的演讲就一直保持这种特色，分析深刻，幽默诙谐，富有哲理，加上外冷内热等，于细微处见功夫。同理，只要我们长期总结、修正、积累，自己的独特风格也就形成了。

形成特定的风格，不仅在以后的脱稿演讲时，可以轻松地确定主题和内容，并且可以形成鲜明的形象，更易被大家所接受。演讲风格是自然而然形成的，切不可为了追求风格而进行刻意的表演，这样会使演讲显得做作，大家听起来也会感觉别扭。当然，通常一开始的时候，你还无法确定自己特有的风格，可以适当模仿与自己气质、习性相近的人，因为人类获取知识的最初途径大都是模仿。尤其是在今天，网上有大量相关的学习资讯与资料，相信你一定会从中找到自己所需要的。

不用 PPT，要用就要让它会说话

　　演示文稿的目的在于传达信息，所以有演讲者将整页的文字稿直接影印成投影片；有演讲者生怕遗漏重要信息，照着投影片的内容逐字宣读；有演讲者准备的投影片花哨得让人觉得他好像是在教演示文稿软件；也曾经有过经验，听完一场演讲回来，我们竟不知道演讲者长什么模样，因为他始终和我们一样看着屏幕自说自话，只能看到他的剪影。

　　在所有多媒体文件里，用得最多的应该就是幻灯片（PPT）。现在大多数人都知道 PPT 的诀窍：保持简洁；不要把 PPT 做成演讲稿（如列出你所要讲的各点——这些最好写在你手中的小卡片里）；不要大声重复读出 PPT 上的内容，因为往往只有最新鲜的信息才能调动人们的兴趣，人们不喜欢重复地看到和听到相同的信息。现在大家应该都很明白这点，但是每天依然有人在演讲时犯这种错误。

　　许多顶尖的演讲者都不用 PPT，而且很多演讲内容也不需要它。如果你展示一些照片插图可以让话题更生动的话，那就用吧。

　　文字的使用。善用 PPT，可以省去我们配色定字形的时间。切记 PPT 是辅助我们传达信息的工具。说服观众的是我们，所以不要将 PPT 设计成小抄本或脚本，照本宣科。君不见著名的演讲者，一套 PPT 走天下，场场爆满，没有人嫌 PPT 是同样的内容，因为诠释不同。

　　字体大小。PPT 的字体要大、行数要少。记住：我们是来演讲，不是来做视力检查的！字体大，行数自然就少！如果会场很大、很深的话，字体还得更大。还有，千万别忘了，PPT 的大小标题，请尽量用粗体，不要说我在计算机屏幕上看很清楚啊！切记，我们是要投影出来给观众看，而不是请观众一个一个来计算机屏幕上看的。另外，除非是自备笔记本，否则请不要选用标准字体以外的字体，因为会场的电脑可能无法支持，千万不要冒这个险！

标题的使用。标题是每张 PPT 的主轴，请简洁有力地传达每张 PPT 的重点，最好是以 5~9 个字来说明，因为再多字，一行就挤不进去了，就算挤得进 PPT，也挤不进观众的脑中，而后者显然是比较重要的。因为标题只能取 5~9 个字，所以冗赘之字就无须出现。

勿用标点符号。既然 PPT 就是大小标题的组合，那么就不需要出现标点符号，尤其是冒号和句点，更是可以直接省略。PPT 上的讯息都已经分类串联好了，也都以项目符号、字形字体等加以分段组织，所以大部分的标点符号都是多余的。至于括号，也尽量少用，特别是在标题上若加上括号就好像在大庭广众面前咬耳朵一样。如果在大标题中真的觉得有加括号的必要，那就把它放到次层标题中，这样可以让我们的标题简洁有力。

正式场合不要使用任何 PPT 动作，非要使用时最多不超过 3 种。如果在非常正式的场合下进行 PPT 演讲，在 PPT 制作中建议不使用任何"花样"，包括自定义动作，PPT 切换样式等。一个朴素的、中规中矩的 PPT 是不会引起非议的。这时你可能得不到别人对你 PPT 的夸奖，但决不会有人说你做得不好。当然，如果在非正式场合你可以加上一些效果。但我建议最多不要超过 3 种。这样，你的 PPT 还是简洁的，不至于落入"杂"的境地。

另外，制作 PPT 还有 3 个原则：

原则一：PPT 最重要的设计原则是"越少越好"。不要吝啬留白。每张 PPT 力求精练，整套 PPT 要在总体框架下保持协调。

原则二：每一张 PPT 通常只包含一个信息。如果一张 PPT 上有两个图表，就要分成两个 PPT。

原则三：由于 PPT 针对的是大众，不是小众，我们的目的是把自己的理解灌输给听众，因此深入浅出才代表你对知识的真正掌握。

我们希望读者能够认真考虑以下建议：不要使用 PPT。正是因为不用 PPT 的这种能力越来越少，所以才变得弥足珍贵。

怎么记演讲稿

如何记住要讲的内容。为了记住讲话内容，演讲人和报告人会利用多种工具，从低端的 3 英寸 ×5 英寸索引卡，到高端的昂贵提词机。而乔舒亚·福尔提供了一种更高端但成本更低的方法：视觉意象（Visual Imagery），也就是将各种各样的主题与一系列相关的实物联想在一起。

福尔提出的记忆术只是某种古老记忆方法的最新变体，这种记忆方法可以追溯到 1 世纪的罗马哲学家、政治家和演说家奇切罗。今天，罗马广场遗址的导游会告诉游客，奇切罗及其同代人是如何不依靠任何笔记滔滔不绝讲上几小时的。那个时代的罗马演说家还没有纸张——两百多年后才由中国人发明了造纸术——于是，他们将广场上的大理石柱当作"记忆触发器"。每根柱子代表一个主题及其相关内容。演说家在发表演讲时，会从一根柱子踱到另一根柱子，从一个主题换到另一个主题，利用视觉提示想起相关内容。

多年以后，这种方法演变成了颇为流行的"罗马房间"记忆法。在这种记忆法中，房间里的实物就起到了古罗马广场上大理石柱的联想作用。

《纽约时报》的莫琳·多德谈到了另外两位作家非常有趣的辅助记忆方法：

马克·吐温"曾将演讲中各个主题的首字母写在指甲上"。

《记忆》一书的作者、"罗马房间"记忆法的拥趸英国人埃德·库克建议说:"如果你要记住多项内容,你可以将它们放到一条穿过你熟悉的地方——如你小时候住的房子——的路径上。"

库克还是一个专注于记忆的"学习社群"Memrise的共同创建者,他将这种方法直接运用到了演讲上。他在2008年发表于《卫报》的一篇文章中写道:

首先,将你的讲话内容压缩成,比如说,20个要点……将这些要点依序写下来。接着,为每个要点设想一幅画面。如果你要记住英镑失势美元走强,你可以想象乔治·布什用一卷美元痛打戈登·布朗。如果你想记住90%的女性在职场处于劣势,你可以想象一位90岁的老妪在负重前行。然后,把你设想的画面一一放到你熟悉的一条路径上。比如,把戈登·布朗的画面放到你浴室的洗脸盆,把负重老奶奶放到淋浴房,将其余18幅画面也依序放到你房子里的一条路径上。

将库克的方法与奇切罗的方法结合起来。演讲人和报告人可以将讲话内容浓缩成几根概念性"罗马柱",也就是几个主题。然后,根据"少即是多"原则,用简单的幻灯片把这些主题呈现出来。这样,就可以用具体的画面,而不是想象的布局来提示记忆了。

财务经理常常专注细节,而且需要做出前瞻性的陈述,因此他们往往会把报告全文写在纸上或幻灯片上,然后照本宣科,或试图背下来。这种方法会迫使报告人总得想着稿子,与听众缺少交流。在知道了演讲稿的记忆方法之后,财务经理就可以将每个句子缩减为4个词的要点,再将4个词再缩减到一个词,把4个词的要点一一放到幻灯片上,直接进行脱稿演讲,也会讲得很流畅。

当然,也可以不用幻灯片,可以像马克·吐温一样,将每个主题的首字母写在指甲上，或像萨拉·佩林一样，把东西写在手心。但是，每次在你低头瞄一眼你记的东西的时候，你不仅会疏离听众，还会让人觉得你根本不知道自己要说什么，从而削弱你的可信度。

所以，还是用奇切罗的"罗马柱"和幻灯片吧。

（本文摘编自杰瑞·魏斯曼：《演讲教练杰瑞·魏斯曼》，搜狐商学院，2011 年。）

第 **3** 章

调动听众的
积极性

TEDSHI TUOGAO YANJIANG

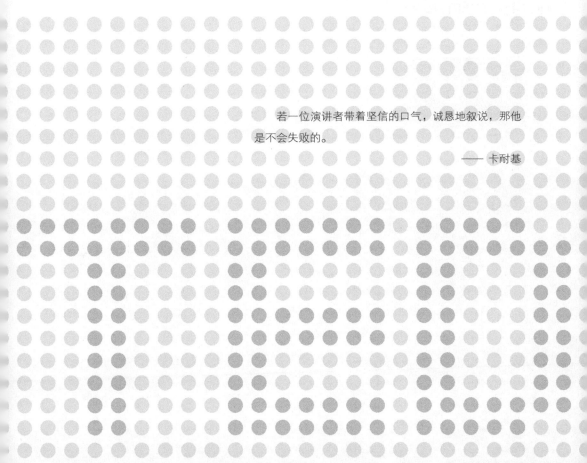

若一位演讲者带着坚信的口气，诚恳地叙说，那他是不会失败的。

—— 卡耐基

·◄◖◖◖◖| |◖◖◖◖► CHAPTER 3

近来的研究揭示了人类大脑深藏的秘密：决策不是由处理逻辑、事实、分析和连续过程事务的左脑做出的，而是由处理情感、概念、比喻、幽默和故事的右脑做出的。换句话说，我们的决策不是基于事实而是基于感觉做出的。我们凭直觉或预感做出决策，然后再转到处理逻辑事务的大脑一侧——左脑，开始收集支持我们决策的事实和证据。

不要用"借来的情感"

凡是演讲皆由 3 个要素构成：演讲者、演讲内容和听众。只有演讲者把自己的演讲过程与活生生的听众联系起来之后，演讲的目的才真正达到。演讲要周详，要有演讲者所热衷的话题，还有另一个因素要考虑：演讲者必须使听众觉得他所说的很重要，他不只是要对自己的话题充满热情，还得把这种热情传给听众。高明的演讲者热切地希望听众能够感觉到他所感觉的东西，同意他的观点，去做他以为他们该做的事，分享他的快乐，分担他的忧苦。他以听众为中心，而不是以自我为中心；他明白自己演讲的成败不是由他来决定，而是要由听众去决定。

因此，作为一个演讲者最希望的就是，当他站在那个演讲台上的时候，听众能够读懂他，与他产生共鸣。他可以采取以下几种方式达到与听众产生共鸣的效果：

情感法。带着自己的心去演讲，会让更多的人投入其中。情感是艺术的灵魂，也是演讲生命力的源泉。演讲只有用真情实感才能感动听众，才能有效地唤起听众的心理共鸣。

真正的演讲不仅要晓之以事、明之以理，而且要动之以情，尤其是叙事、言志、抒情的演讲更要有感情传递。

人是有感情的动物，真情实感是艺术表达的灵魂，同时也是脱稿讲话生命力的源泉。所以，我们在脱稿演讲时要用真情实感去感动听众，用自己的经历去带动听众情感的共鸣，打开听众的心扉。不过要切记，**不要用"借来的情感"，听众不是傻子，是不是真情实感，可以从讲话者的动作、眼神、表情里看得一清二楚**。

奥巴马的就职演讲和历任美国总统的就职演讲之所以能吸引无数人的目光，并不是因为这些讲演稿具有多么诱人的文学色彩，具有多少振聋发聩、令人心灵为之一动的神奇功效，而是因为其在整篇讲稿中仿佛处处都能看到"真感情"的影子，将"一种与人民的契约"和承诺，通过脱稿演讲这种形式生动地呈现在世人面前。

"大家之作，其言情也必沁人心脾，其写景也必豁人耳目。"无论奥巴马的演讲是否产生了这样的效果，仅从台下观众在开场前后对奥巴马名字的呼喊以及演讲过程中，用特写镜头呈现出的那一双双虔诚的眼睛，相信其演讲的诸多内容已被聆听者所认同。

趋同法。常言道："道不同不相为谋。"有共同喜好的人走到一起才能开怀畅聊。演讲者可以从趋同的角度入手，去寻找与听众的共同语言，渲染与听众的共同体验，去缩短与听众的心理距离，唤起听众的心理共鸣。

对比法。别人有的，你也有，这时候就需要借助于外在的对比才能更好地突显你的优势。对比能更清楚地显示各自的特征，引起人们的重视。在演讲中，用对比的方式来唤起听众的心理共鸣，可以突出演讲主旨的倾向性，引起听众对演讲信息的高度重视，从而与演讲者产生心理的交融。

> 1972 年，美国总统尼克松到中国访问，在一次公开演说中，他说："长城曾经是一道把中国和世界其他地区分隔开的墙，如今它已经不是了，但是，这个世界上依然有许多道城墙，它们把各个国家和人民分隔开。"说到这里，在座的人都好奇尼克松葫芦里卖的什么药。尼克松接着说："4 天来，我们已经开始拆除把我们分隔开的城墙。"直到尼克松说完这句话，在座的人才把悬着的心放下来。

尼克松用比喻的修辞手法来开场，把各国之间的障碍比作城墙，让在座的人都集中精神思考他的话，可谓标新立异，抓住人的心理，在尊重民族文化的基础上，打破常规，令自己的讲话更加深入人心，这是一次非常成功的演讲。

好奇心人人都有，好奇心和求知欲是人的本能。在脱稿讲话过程中，激发人们的好奇心和求知欲，让听众处在兴奋的状态，这不是一件容易的事情。不走寻常路，标新立异的讲话是设置兴奋点的好办法。

那么领导者为了使演讲更加吸引人，就应该在尊重民族风俗和传统文化的基础之上，对演讲的内容进行符合情景的融合和再度创造，打破既定的思维模式，做到符合听众思维习惯的创新。

演讲者与听众之间要想在一开始就产生共鸣往往很难，除了发掘你与听众之间的共同点之外，还应针对听众的特征，分析他们的兴趣所在，设计出符合其口味的演讲风格，这样才能将自己的思想和观点有效传输给听众，产生共鸣。

另外，在语言的使用上，能用"我们"的地方就一定不用"你"，能用"你"的地方就一定不用"他"，这样可以有效拉近演讲者与听众之间的距离，让听众感觉演讲者也是"我们"中的一分子，更容易产生亲切感，其观点也就更容易让听众接受了。

带动听众的情感、兴趣、经历与体验，让听众主动参与到这场讲话中，因为一场成功的演讲并不是讲话者能够独立完成的任务，而是靠讲话者与听众共同合作的结果。

一个成功的脱稿演讲者最擅长操控听众的情绪，懂得如何抓住听众的心理。如果能够做到让听众对你讲话的内容感兴趣，甚至是如痴如醉，那么你就已经成功了。你已经掌握了听众，让听众跟着自己的思路进入你讲话的情境中去。

调动听众主动参与的积极性，让大家的思绪都集中在你的发言上，这要比讲话者一个人站在那儿唱独角戏要好得多。演讲注重情绪，注重氛围，一个人口若悬河地说，说得再精彩也不算成功，因为那只是你一个人的表演。成功的表演是讲话者与听众思想的交流，脱稿演讲者在其中扮演的角色是引导者。那么怎样才能调动观众的积极性，让观众参与进来呢？方法有很多，没有一个方法是可以作为模板通用的，所以要根据不同的情况使用不同的方法，大家可以参考下文中提到的方法。

演讲注重气氛，气氛上来了，演讲就成功一半了。所以说，脱稿演讲者在讲话的时候，语言应具有强烈的鼓动性和号召力，争取做到动之以情，晓之以理，让听众的情绪达到一个高点，激发听众的积极性。

一开始就讲故事

要想让一般的听众长时间忍受你的抽象式说明，是一件很困难的事，讲故事则很容易让他们听下去。既然如此，为什么不在开始的时候就讲故事呢？一开始就讲一个故事，引起听众的兴趣，然后再说出你的观点。

这样做可以立即抓住听众的注意力。有些演讲者不能立即获得听众的注意，大部分情况是因为只讲那些老套的话，听众对此当然不感兴趣。如果说"敝人不习惯当众演讲"，这是不是很刺耳？很多陈腐的开讲方式，也同样令人厌烦。比如如数家珍地细述自己如何选择演讲题目，或说自己准备不充分，或像个牧师布道似的宣布题目或主题……这些都是要在简短演讲中必须避免的。

请记住某知名专栏作家的一句忠言："在你的故事开场时，就要抓住听众的注意力。"在这里列出一些开场白，它们会像磁石一样吸引着听众的注意力：

- ▶ 1942 年的一天，我发现自己躺在医院的病床上。
- ▶ 昨天早饭时，我妻子正在倒咖啡……
- ▶ 去年 7 月，当我快速驾车驶下 42 号公路时。
- ▶ 我办公室的门突然被打开了，领班小李一头闯了进来。
- ▶ 当时我正在湖中央钓鱼，偶然一抬起头，看到一艘快艇正朝我快速地开过来。

如果在开场白中讲清楚了时间、地点、人物、事件和发生的原因，那么你就是在使用最古老的获取听众注意力的沟通方式。比如"从前"

是一个很有魔力的字眼，它可以打开孩子们幻想的闸门。采用相同的方式，你也能一开口就抓住听众的注意力。

TED掌门人克里斯·安德森表示，受人欢迎的演讲首先要做的就是"设计你的故事"。他在文章中这样写道：

> 我们都知道人们喜欢听故事，那些最引人入胜的叙述结构中有着大量的隐喻。
>
> 我在演讲者的初稿中，发现的最大问题是涵盖了太多内容。你需要举出具体的例子来使你的想法有血有肉充实起来，不要一心想把所有东西都纳入一个短短的演讲中。相反，应当深入下去把内容细节化。不要告诉我们你研究的整个领域，要给我们分享你独一无二的贡献成果。
>
> 当然，过度阐述或者纠结于内容的意义也不可行。对这种情况，有另一套补救的方法。记住观众们很聪明，让他们自己找出一些意义，各自归纳收获的结论。
>
> 很多顶级的演讲具有侦探小说般的叙事结构。演讲者引出问题开始演讲，然后介绍寻求解决方法的过程，直到最后恍然大悟的一刻，听众自会看到这一切叙述的意义。
>
> 如果一个演讲失败了，大多数是因为讲者没有找到好的表达方法，错误估计了观众的兴趣点，或者忽略了故事本身。即使话题再重要，没有足够的叙述作为铺垫，反而偶然冒出一些武断的意见总会让人感到不爽。没有一个递进的过程，就不会感到自己有所收获。
>
> 理念和故事吸引着我们，但机构组织使我们厌烦，因为他们和我们没太大关系。（商务人士特别需要注意：不要吹

嘘你的公司，与其那样，还不如告诉我们你的公司正在解决
什么问题。）

自 30 年前第一届 TED 大会以来，跨越各领域的演讲者，如政治
家、音乐家和演员，在观众面前表现得要比不知名的学者、科学家
和作家更从容，后者在演讲时往往会感到极不自在。于是，多年来，
TED 团队探索出一套方法，能够帮助缺乏经验的演讲者表达、练习，
并最终做出受人欢迎的演讲。自 2006 年上线以来，TED 视频已被观看
十亿多次。

引导和控制听众的情绪

演讲者要学会引导和控制听众的情绪，比如对某一事物的看法，
既有理性认识，又有情感体验，表达时也是带着情感的；而情感又必然
在声音、语调、姿势、动作、表情等上直观地表现出来，近距离地感染
听众、激发听众，使听众无法平静，或激动欢呼，或愤愤不平，或热泪
盈眶，或沉痛哀叹。

美国第十六届总统亚伯拉罕·林肯，出身于一个鞋匠家庭。
当时的美国社会对门第观念是非常看重的。在竞选总统
的时候，林肯在参议院发表演说，一个参议员想借此来羞辱
他，让他下不来台。

那位参议员轻蔑地说："林肯先生，在你开始演讲之前，我想提醒你，不要忘记你是一个鞋匠的儿子。"

林肯不卑不亢地回答："非常感谢您在此提及我的父亲，我非常想念他，虽然他已经去世了，但我会永远记得您的这句忠告，因为我知道我做总统永远无法像我父亲做鞋匠那样出色。"

这样的回答是那位参议员意料之外的，这句慷慨激昂的话使整个参议院一下子变得异常安静，陷入了沉默。

林肯转过头对那个傲慢的参议员说："根据我的记忆，我的父亲以前曾为您的家人做过鞋子。如果您的鞋子不合适，我可以帮您修好它。虽然我不像我父亲那样是个伟大的鞋匠，但我从小就跟随父亲，在他身上学到了做鞋子的技术。"

然后，他又对在场所有的参议员说："对参议院的任何人都一样，如果你们穿的鞋子是我父亲做的，它们现在如果需要修理或改善，我一定尽可能帮忙。但是，我要说明，我无法像他那么伟大，他的手艺没有人比得上。"说到这里，林肯激动得流下了眼泪。

听完林肯这段话，参议院里所有的人都被他的深情和不卑不亢的态度感动了，就连那个嘲笑他的参议员也惭愧地低下头，并且也和大家一起，真诚地为他鼓掌。

林肯的真诚表现在他不为自己是鞋匠的儿子而感到羞怯，深情地说出自己对父亲的尊重与爱戴，用真情感动他人，拉近与他人的心理距离。俗话说"儿不嫌母丑"，任何人都有父母，无论出身如何，血浓于水的亲情是不能改变的，也是最能打动人心的。林肯说出这番推心置腹的话，获得其他参议员的普遍认同，从而一举获胜，赢得了满堂掌声。

二战时期，著名军事家蒙哥马利将军曾任英国第八集团军司令。1943 年，当他受命调往第二十集团军指挥诺曼底战役时，发表了一篇《告别演说》。蒙哥马利将军即将离开与他一起出生入死、并肩作战亲如弟兄的战士，心情十分激动，始终难以平静。他的演讲真挚感人，深深打动了在场的每一位官兵。演讲结束后，官兵们的脸上都挂满了泪水。

闻一多的《最后一次的讲演》，其情感激发作用是巨大而强烈的。它激发起来的是听众对国民党反动派的义愤，是对民主战士的敬仰与热爱，这种激发作用让这次演讲产生了社会影响。直到今天，当我们阅读这篇演讲词时，还能强烈地感受到这种情感的激发作用。

当希腊即将面临马其顿王国的入侵，随时都有亡国和失去自由的危机时，希腊著名的演说家德摩斯梯尼做了一次著名的公开演说，他所说的每一句话、每一个词语都有着浓烈的情感，充满丰富的爱国主义情怀。

他热情洋溢地说："就算所有民族都同意忍受奴役，就算到了那个时候，我们也应当为了自由而奋战。"

通过德摩斯梯尼这洋溢着爱国热情的发言，人民感受到的是一颗真挚的拳拳之心。他的演讲激励了希腊人奋战的决心，无数希腊人毅然决然地从聆听演说的广场直接奔赴战场，甚至没有向家人道别，因为他们觉得就算是一声离别也是在耗费时光。

他的敌人，马其顿的国王腓力听说了德摩斯梯尼的演说，也不由自主感慨地说："如果我自己现场听到德摩斯梯尼的演说，就连我也要投他一票，赞成他成为反对我的领袖。"

"感人心者，莫先乎情。"连对手都能够连连称赞，可见这演说中包含了多么真挚、热烈的情感。

要时刻把听众当作你讲话中的参与者，这样就能够在自己的内心中建立一种暗示，让自己发自内心地激动起来，同时带动现场的听众，营造出一种和谐的互动氛围。只有在脱稿讲话的过程中建立起热情互动的气氛，才能有效地帮助听众自然而然地接受你所要传递给大家的信息。

抖包袱，设悬念

在相声语言里，"抖包袱"比喻"揭示事先埋下的伏笔，制造喜剧效果，以笑料逗乐听众"。若能将"抖包袱"的技法融入演讲中，既能增强演讲的生动性、形象性及趣味性，又能牢牢抓住听众的注意力。

有一次，国画大师张大千参加其弟子为他举办的饯行酒宴。酒宴邀请了社会各界名流。大家入席就座之后，都不是很放得开，显得有些拘谨。宴会开始后，张大千先是举杯走到京剧大师梅兰芳的桌前说："梅先生，您是君子，而我是个小人，这杯我先敬您！"说罢便一饮而尽，在座的宾客都吃了一惊，梅兰芳自己也百思不得其解，便问道："此话怎讲？"张大千笑了笑说："您是唱戏的，动口，您当然是君子啦；而我是画画的，动手，我不就是小人嘛！"满堂宾客听了张大千的话后，哈哈大笑。梅先生听罢也是乐不可支。张大千的这番话调节了现场的气氛，宴会的气氛一下子就轻松起来。

"抖包袱"说白了就是开个小玩笑，营造一个幽默的氛围。

新东方的总裁俞敏洪的开场白很多都是很幽默的，有时还会拿别人来调侃一下。他经常调侃的两个人就是徐小平和陈向东。

"我在新东方算是长得比较难看的，但是，自从陈向东老师来到新东方以后，我就比较自信了。我在新东方讲英语也算讲得最差的，但是，自从陈向东老师来了，我也有自信了。我相信，这次他从哈佛回来，他的英语口语到今天依然排在我后面。当然我和陈向东老师两人都是从农村出来的，陈向东老师更加保持了乡村的淳朴风味。"

完事再话锋一转说：

"我想说的是，其实外表并不重要，真正重要的是一个人的知识、技能、生活经验、工作经验、判断力，以及最后把所有这一切加起来，上升成你这个人的智慧。"

就这样，在欢快的气氛下，俞敏洪的演讲开场了！

在凤凰卫视的节目《李敖有话说》中，很多听众都领教过李敖抖包袱的本领。在一次演讲中，李敖再度故伎重施。在演讲开始的时候，李敖就表示自己演讲是不用稿子的，为了表明自己的"清白"，他甚至抖开自己的西装给台下的听众看，边抖边说"大家看我，没有稿子，也没有小抄儿"。引得场下一片大笑。而在讲到自己的著作在中国台湾被禁时，李敖居然掏出了很长的一张连接在一起的打印纸，上面印满了他被禁的书目。

不要揣摩听众反应的内在寓意

除了一问一答部分外，演讲在大部分情况下都是单向的。你无法像平时交谈一样从对方处获得反馈。你甚至不确定人们是不是确实听到了发言并了解你的思想。你能看到台下听众的眼睛（虽然并不十分清楚），但是你不知道他们到底在想些什么。一个人起身离开房间，你感觉像是受到了拒绝，其实他不过是走出去打个电话而已。一个讲过多次、每次都能引起哄堂大笑的笑话此时如同石沉大海，激不起听众的一丝笑意。

由于无法从听众处迅速获得反馈，同时也因为不了解自身所处的位置，这些都令你觉得怅然若失。事实上，并非仅仅只有讲演者如此，每个人都希望别人能有所反应。为了证实这一点，有人曾经在一家酒吧里和人打赌，只要他向英国飞镖冠军挑战，不用超过4次，他就有把握让这位行家里手认输。

冠军掷出飞镖后，挑战者迅速在他面前举起一张白纸，这样一来冠军就无法看见自己出镖的结果如何，而等到下一轮时，上一支飞镖又已被及时清除。果然不出挑战者所料，第三轮时，冠军的游戏就已经进行不下去了。由于无法目睹每次掷出飞镖的结果，他输掉了这一局。

人们确实能够获知别人的反应——不过是在讲话结束以后。这就好比那位冠军将飞镖投掷了出去，却因不知道飞镖落下的位置而不知所措一样，大部分讲演者所感到的焦虑也可归因于此。但是，凡事预则立，不预则废。你必须预先估计到会场上会有片刻的停顿和静默，这样，等到事情真正发生时就不会感到难以接受。此外，不同的听众自然会做出不同的反应，别指望普通大众和一位专业的技术爱好者会发出同样的呼声。如果询问任何一位演员，日复一日地出演同一场表演为何不会觉得厌倦，你得到的答案总是如出一辙："节目可能是一样的，可是观众每天晚上都不同呀。"不要由于过于焦虑因而误读了听众的反应。沉默可能意味着深沉的思考和同意的态度，但此时你却很可能将其理解为厌倦。

我见到过一场只有一小群听众的讲演，听众们散坐在教室座位上。有个人坐在最后一排，看上去似乎漫不经心。整场演讲中，他要么在纸上胡写乱涂，要么就是凝视着空气发呆。中场休息的时候，其他人很奇怪讲演者怎么能够忍受如此明显的粗鲁行径。讲演者的态度倒是相当从容，他回答说，自己主要针对的是那些更关注本话题的听众。但是，讲演结束以后，那个涂鸦者却走上前来表明了自己记者的身份。他非常喜欢和欣赏这场讲演，并将专门为此写一篇文章，感谢讲演者给大家带来如此精彩的发言。这则故事的教训是：不要揣摩听众的反应的内在寓意。否则，你的注意力将会从关注讲演的说服力上分散开来，转而担忧听众似乎走神的原因，其实他们也许只不过是关心演讲中最艰深的部分而已。

套用我在"信息娱乐化"讲话中使用的一个人物弗雷德博士的话来说，奇怪的是，我们往往在负面因素上纠缠不休而较少顾及正面因素。如果100位听众里有99个人喜欢一场演说，剩下的一个人却吝于给予赞美，我们总是倾向于注意最后那个人的负面评价。如果100位听众里有1个走神，我们也会不由自主地被他牵着鼻子走。但正如上面故事所表明的，你无法探知倾听者头脑里的思想。而人们的意见也仅仅只是个人的看法而已，并非事实。你演说的次数越多，你就越能够学着接受人们的赞美，微笑着摆脱那些负面因素的影响。

（本文摘编自多罗茜·利兹：《口才》，民主与建设出版社，2004 年出版。）

第 4 章

让你的演讲
更动听

TEDSHI TUOGAO YANJIANG

最难的是开场白，就是第一句话，如同在音乐上一样，全曲的音调，都是它给予的，平常却又得花好长时间去寻找。

—— 高尔基

·ıı|ıı| |ı|ıı· CHAPTER 4

故事令你的数据形象生动，比喻让你的话令人
难忘，生动的语言要比商业行话更能打动人心。

开场白让人对你刮目相看

在每场电影、音乐会和演讲开始之前，观众都会有一段时间很安
静。所有的谈话声和杂音都会停止，同时在期待节目的开始。这段时间
称为"观众寂静期"，这也是观众自发的行为，是唯一能吸引全体听众
注意力的时候。能否有效地利用这段时间，决定了演讲开场的好坏。

马瘦毛长蹄子肥，

儿子偷爹不算贼，

瞎大爷娶了瞎大奶奶，

老两口过了多半辈儿，

谁也没看见谁！

这是郭德纲相声中的"定场诗"。这也是老辈曲艺演员留下来的传统，在戏院里或街头演出前，先开口来一段"定场诗"，为的是让闹哄哄的观众安静下来，聚拢人气。"定场诗"好比琴师调音，先划拨两声，一来吸引听众，为接下来的演奏做好铺垫；二来定下调子，接下来的演奏或悲或喜都从这里开始。

开场白正是演讲中的定场诗。

对于一场精彩的脱稿演讲来说，好的开场白是至关重要的，它能打开演说的场面。听众听到的第一句话是非常重要的，开场白就如同一个人的穿衣一样，是给人的第一印象，一定要做到吸引听众的注意力。如果你的第一句话就说不好，听众也不会感兴趣。

中国职业外交官傅莹同样表示，要有一个好的开场白，与听众建立沟通。她这样说道："与听众建立沟通。去英国伊顿公学政治学会演讲时，听众多是十七八岁的年轻人，我说：'来这里之前，我在中文搜索引擎百度上搜索关于'伊顿'的信息，得到 6.8 万条结果。'气氛一下子就活跃起来了。对孩子们来说，中国的网络如何描绘伊顿是个引人入胜的话题。"

苏联大文学家高尔基说："最难的是开场白，就是第一句话，如同在音乐上一样，全曲的音调，都是它给予的，平常却又得花好长时间去寻找。"高尔基的这段话包含两层意思：第一，演讲的第一句话至关重要，它的作用如同音乐的"定调"，规定着"全曲"的基本面貌和风格。第二，适当的第一句话不是那么容易找到的，它是长期积累和斟酌钻研的结果。我们有以下几种开场白可供选择：

以出人意料开场

要以一声巨响开始，而不是小声嘀咕。烟民喜欢火柴被擦亮的那一刻，听众喜欢用开场白就挑旺他们兴趣的演讲。比如：

美国里根总统的开场白："我们今天站在一个战场上，一个 40 年前看见和感到的最糟糕的战争。"

英国王妃戴安娜的兄弟、斯宾斯伯爵的开场白："我今天站在你们面前，代表一个悲伤的家庭；在震惊的世界面前，代表一个哀悼的国家。"

每个这样的开场白会让我们向前，让我们的耳朵渴望知道演讲者下面要说什么。他们跳进一个主题，创造悬念，抓住了让人感兴趣的注意力。

创作文章需要设置悬念，演讲也不例外。因为它能使你的听众产生极大的好奇心，并能在这个悬念的指引下很快进入其设下的"圈套"。

有一则笑话就是这样的类型：

老先生："人从哪里老起？"

听众甲："大脑。"

听众乙："大腿。"

听众丙："肚皮。"

老先生："我看有的人从屁股老起（全场哄堂大笑）。某些领导不深入实际，整天泡在'会海'里，坐而论道，屁股受苦了，既要负担上身的重压，又要与板凳摩擦，够劳累的了。如此一来，岂不是屁股先老么？"

笑话中，老先生的演说目的是要抨击官僚主义。首先他就利用提问的方式制造了一个悬念给听众，调动了绝大多数听众的积极性；紧接着他又做出一个意料之外的解答，制造了"第二悬念"，从而控制了听众的思想和情绪。

　　有时在演讲中，一上台就可向听众提出问题，让听众和演讲者一起思考，使听众从头到尾集中注意力听讲，以印证自己的想法和演讲者的看法是否相同，是否正确。只要提出的问题是听众关注的，是听众迫切想知道而又感到困惑的，这种方式一定能像一把钥匙一样，开启听众的心扉，使演讲者进入他们心中。

　　一次，张主任召集全单位人员开会。当时会场比较嘈杂，听众情绪还未安定。张主任这样开头了："有个笑话说，张飞和关羽参加一次刘备召开的军机会议。当时大家正交头接耳，刘备无法讲话。张飞说：'哥，看我的。'于是他用在长坂坡喝退曹军的大嗓门吆喝一声，结果大家没有平静下来。关羽说：'小弟，你那手不行，还是看我的。'于是，他便坐在刘备的位子上，捋须凝目，似有所思。这下子大伙儿觉得奇怪，倒安静下来了。其实，这只是个笑话。刚才大家交头接耳，现在为什么静下来了？这个问题留给大家思考。我今天所要讲的主要内容是……"生动贴切的故事，立刻引起了听众的注意，会场很快安静下来了。

　　多年以前，伟大的建筑学家弗朗克·赖特在匹兹堡曾做过一个演讲。他的开场白非常奇特："这是我所见过的最为丑陋的城市。"此言一出，登时令在场的每一位匹兹堡市民大吃一惊——他们从头到尾都认认真真地听赖特道出个中缘由。

　　据说，当时所做的一项社会调查显示，匹兹堡市是全美最有吸引力的城市之一。赖特深知，如果循规蹈矩地向他人一样开场："女士们、先生们，下午好，今天我很高兴站在这里"或者仅仅为了幽默而以一个不相干的玩笑开场，都不会引起听众的注意。他这种不拘一格的开场，甚至一开始就将自己置于所有听众的对立面，但的确收到了立竿见影的效果。

幽默的开场白

许多人热衷于以笑话开场，或许因为他们听说别的演说者也这样做。但是，在使用笑话时必须慎重，因为你一旦选用这种方式，就会激发听众对更多笑话的期待。使用笑话的最佳时机应该是在你认为这个笑话正好适合当时的情形，而且你能够讲得绘声绘色、惟妙惟肖，刚好起到锦上添花的作用时。当然，如果你有很强的驾驭能力，你也可以将笑话贯穿于讲话的始终。

大家都知道李敖文笔不凡，但却不知道他的口才也同样了得，他的思维敏捷，词锋犀利，却又不乏幽默慧黠，诙谐之处每每让人捧腹。

2005 年 9 月 21 日，李敖到北大演讲，他的整场演讲都幽默风趣、让人捧腹。他的开场白是这样的："你们终于看到我了。我今天准备了一些'金刚怒目'的话，也有一些'菩萨低眉'的话，但你们这么热情，我应该说菩萨话多一些（掌声，笑声）。演讲最害怕四种人：一种是根本不来听演讲的；一种是听了一半去厕所的；一种是去厕所不回来的；一种是听演讲不鼓掌的。"

李敖话音未落，场内已是一片掌声。"当年克林顿、连战等来北大演讲时，是走红地毯进入的，我在进门前也问道：'我是否有红地毯？'校方说：'没有，因为北大把你的演讲当作学术演讲，就不铺红地毯了。'如果我讲得好，就是学术演讲；若讲得不好，讲一半再铺红地毯也来得及。"听众席爆发出了雷鸣般的掌声。

作家王蒙先生诙谐、机智、幽默。一次，王蒙先生应邀到上海某大学演讲，一开始他就说："由于我这几天身体不太好，感冒咳嗽，不太能说话，还请大家谅解。不过，我想这也不一定是坏事，这是时刻在提醒我多做事、少说话……"幽默的开场白立刻迎来了台下的笑声和掌声。

幽默如果运用得恰当，在吸引听众注意力方面能取得很好的效果。王蒙在一次演讲的开始还讲了这样一个幽默小故事：

> 三位公司主管试图给"名声"这个词下定义。
>
> 第一位主管说："名声就是白宫邀请你去与总统会面。"
>
> 第二位主管说："名声就是白宫给你发出邀请，当你到那儿时，电话响了，但是总统却不接。"
>
> 第三位主管说："你俩说的都不对。名声就是你被邀请到白宫拜见总统，这时总统的热线电话响了，他接过来，听了听，然后说：'找你的！'"
>
> 讲完这个小故事，王蒙接着说："今天我应邀来到这里演讲，就如同在白宫有电话找我一样。"

话音刚落，台下响起了一阵雷鸣般的掌声。

幽默如果运用得恰当，在吸引听众注意力方面能取得很好的效果。一位演说家要讲吸烟的危害时，开场白是这么说的：

> 亲爱的观众们，大家好！关于吸烟，我想了很久，我觉得吸烟有三个好处。哪三个好处呢？一是吸烟的人不会被狗咬；二是吸烟的人家里最安全；三是吸烟的人永远年轻。为什么这么说呢？让我们来一一解答。第一条，吸烟的人总是弯着腰，狗会以为他要拿石头来打它，所以不敢去咬它；第

二条，吸烟的人总是咳嗽，如果有贼光顾他家的时候，以为他还没有睡着；第三条，吸烟有害健康，减少寿命，所以他会永远年轻。

这位演说家的成功之处在于，他以一个幽默的开头来演讲，而不是直接就说抽烟的坏处，这样人们就会比较容易接受。将听众带入好奇，让听众很感兴趣地听下去，最终达到了他要演讲的目的，这样的开头不是很精彩吗？

以幽默开头的演讲，要做得自然，如果你认为你讲的这个笑话足够地吸引人，你能讲得很好，而且观众也能接受，那么你就可以采用。

在第四次作家代表会上，萧军应邀上台，第一句话就是："我叫萧军，是一个出土文物。"这句话包含了多少复杂感情：有辛酸，有无奈，有自豪，有幸福。而以自嘲之语表达，形式异常简洁，内涵尤其丰富。

胡适在一次演讲时这样开头："我今天不是来向诸君做报告的，我是来'胡说'的，因为我姓胡。"话音刚落，听众大笑。这个开场白既巧妙地介绍了自己，又体现了演讲者谦逊的修养，而且活跃了场上气氛，沟通了演讲者与听众的心理，一石三鸟，堪称一绝。

美国著名律师曹特是一位善讲自己笑话的人。有一次，哥伦比亚大学校长在登台演说时，把他介绍给听众说："他算得是我国第一位公民！"如果曹特立即抓住这个难得的机会，大模大样地开着玩笑说："诸位请听，第一位公民要开始演讲了。"别人一定认为他是一个没人瞧得起的、不合时宜的傻瓜。

曹特既想用这个介绍词幽默一下，又要让听众产生好感。他顿了顿嗓子，说："刚才校长先生说的'第一位公民'，大

概是指莎士比亚戏剧中常常提到的'公民'。校长先生一定
是研究莎氏戏剧极有心得的人。他介绍我时，一定又在想到
他的戏剧了。诸位听众一定知道莎士比亚是常常把公民穿插
在他的戏剧中，充任无关紧要的配角，比如第一等公民，第
二等公民之类。这些配角每人所说的话大都只有一两句，而
且多半是毫无口才、没有高明见识的人。但他们差不多都是
好人，即使把第一等、第二等的地位交换一下，也根本不会
显示他们之间有任何不同之处。"

这个幽默的开场白，使曹特既保持了谦虚的风格，又显露了他的
博学多识，立刻赢得听众的好感。

不妨引用别的演说家说过的话，或谈点涉及当前形势又充满矛
盾的事，再故意夸大其词，惹人发笑。这种幽默比一般通俗的笑话，
"笑"果要好上几千倍。而造成听众大笑最容易的方法，或许是讲点有
关你本人的趣事，描绘自己的一些可笑而窘迫的情形。

决定成败的结束语

戏院中有一句老话："从上场和下场的精神，就可以知道衙门的本
领。"这句话虽然是指演员，然而对演讲者也是很适用的。这句话告诉
人们，要高度重视开头语和结束语。

一个新手怎样才能对演讲结尾部分有准确的感觉呢？你可以去研

究那些知名演讲家的方法。下面就是一个例子，这是当年威尔士亲王在多伦多"帝国俱乐部"演讲的结束语：

> 诸位，我很担心。我已经脱离了自我克制，对我自己谈得太多了。但我想告诉你们，你们是我在加拿大演讲以来人数最多的一次。我必须说明，我对于自己地位的看法以及我对与这种地位同时而来的责任。我只能向各位保证：将恪尽职守，不辜负各位对我的信任。

即使是一名"瞎眼"的听众，也会感觉到这就是演讲的结束语。它不像一条还未系好的绳子在半空中摇晃，它也不会零零散散地未加修整。它已被修剪得好好的，已经整理妥当，应该结束了。

林肯第二次就任总统的演说结束语，历来被人们所津津乐道。他说："对任何人都不怀恶意，对一切人抱以宽容态度；坚持正义，因为上帝使我们懂得正义。让我们继续努力完成我们目前正在进行的事业，把国家的创伤包扎起来，关怀那些担负起战争重担的人，关怀他们的孤儿寡妇——凡是可以在我们中间、在同所有国家的关系方面带来公正持久的和平的一切事情，我们都要去做。"

结束语是即席讲话的重要组成部分，精妙的结束语能使讲话收到意想不到的效果。通常情况下，结尾不应冗长拖沓，更不能画蛇添足，而要在言不必尽或达到高潮时戛然而止，给听众以余音绕梁、回味无穷的感觉。结尾时要尽可能达到与听众感情上的交融，引起共鸣。在把握好分寸的前提下，满腔热情地提出希望、要求和建议。充满激情的结尾，有很大的鼓动力，特别是一些动员性的讲话，可以使人振奋，使人激昂。如同看一场足球赛，开场进一球，与临终场前进一球，球迷的情绪和效果是大不一样的。

美国《星期六晚报》的主编罗粹慕先生说过："我把文章刊登在最受欢迎的地方，就结束了；而在演说上，当听众达到最愉快的点，你就应该设法早些结束了！"

著名作家老舍先生在一次演讲中，这样开头："我今天给大家谈6个问题。"接着第一、第二、第三、第四、第五，并井有条地谈着，这时他发现离散会的时间不多了，于是他提高嗓门说："第六，散会。"听众先是一愣，接着就欢快地鼓起了掌，大家都十分敬佩老舍先生的幽默。老舍先生知道已到散会时间，没有再按事先准备的去讲，而是选择时机戛然而止，既幽默又利索。

当讲话因种种原因需要中止时，你仍然滔滔不绝、按部就班地讲个不停，必然引起听众反感。这时，你应设法立即中止讲话，这样会得到听众的理解和好评。

当你对听众说再见时，要使他们脸上带着笑容。如果你能够经常这样做，就将会收到良好的效果。

一次，乔治在某聚会上做了一次演讲，向教徒们解释著名传教士韦斯里的墓园的问题。这个题目极其严肃，大家也都想不出有什么好笑的。但乔治却做到了这一点，而且做得十分成功。可以说，他的演讲结束得漂亮且精彩。

他是这样说的："我很高兴各位已经开始整修他的墓园，这个墓园应当受到尊重。他特别讨厌任何不整洁以及不干净的事物。我想，他说过这句话：不可让人看到一名衣衫褴褛的教徒。因为他，你们永远都不会看到这样一名教徒。倘若任由他的墓园脏乱，那么就是极端的不敬。相信各位都记得，有一次他经过德比夏郡某处时，一名女郎突然奔到门口，向他叫道：'上帝祝福你，韦斯里先生。'他却回答说：'小姐，如果你的脸孔和围裙更干净一点，你的祝福也将会更有价值。'这便是他对不干净的感觉。因此，千万不要让他的墓园脏乱。如果哪天他偶尔经过，看到墓园非常脏乱，这比任何事情都令他伤心。所以，你们一定要好好照顾这个墓园，这是一个值得纪念的神圣墓园，是你们的信仰寄托之所在。"

演讲的结论是通篇的关键，最好通过推论把听众引向结论的方向，让人觉得不是这个结论都不可能了。中国驻英国大使傅莹谈演讲时这样说道：

莎士比亚故居 2009 年纪念会邀请我作为来宾代表讲 5 分钟的答谢词，在场的有来自英国各地的莎翁迷。我想讲的核心思想是，英国人对中国的了解，不如中国人对英国的了解深。我从在北京避雨的一个经历讲起，进到一个书店，看到一排排书架上摆满了原版的英文书。我说，在英国进过很多书店，很少看到关于中国的书，更不要说原版中文书了。

然后我讲到中国人对莎翁和他的戏剧的了解，举例说，在外交谈判中我经常引用哈姆雷特的名言"To Be Or Not To Be"（大意为：生存还是死亡），这是一个非常好使的谈判言语，大家都乐了。但是我话锋一转，问："你们谁知道中国的大戏剧家汤显祖和他的《牡丹亭》？你们是否知道汤显祖和莎翁是同一年去世的？"现场特别安静。我接着说，现在应该是英国人努力了解中国文化的时候了。这话比较尖锐，实际上是批评性的。我顿了一下，竟然满场长时间鼓掌。

拿破仑说过："兵家成败取决于最后5分钟。"同样，演讲的成败在很大程度上也取决于演讲的结束语。这是因为，倘若演讲者将演讲开头和高潮设计得很好，再加上一个出人意料、耐人寻味的结束语，那么，就如同锦上添花，会给观众带来一种精神上的愉悦和满足；反之，如果演讲者设计的结束语没有新意且贫乏无力，没有激起波澜，就会使听众深感遗憾，失望而归。所以说，与演讲的开头和主体部分相比，结束语的要求更高，内容要更有深度，语言要更有力度，方法要更巧妙，效果也要更加耐人寻味。演讲的结束语是走向成功的最后一步，它在整个演讲中起着关键性的作用。

在有新意上做文章

最令人难忘的演讲总是有大家前所未闻的新鲜东西。最糟糕的演讲则充满陈词滥调。脱稿讲话者要想受人钦敬，让听众感觉你讲得好，重要的一点是要出口有新意，不能人云亦云，老调重弹。说有新意是吸引人的重要法宝之一。只有创造之花才有永开不败的美丽，是脱稿演讲生命力的源泉。那么，怎样使自己的脱稿讲话更有新意呢？

反意而用。此法即是对原话反其意而用之，翻出新意，使表达的思想更深刻隽永。

例如，清华一个女生在一次演讲中，以饱满的政治激情阐述了女大学生既要有志气、有能力，又要有事业、有生活。其演讲的最后一句是："同伴们，我们走着自己的路！弱者，你的名字不叫女人！"

最末一句话是化用莎士比亚的悲剧《哈姆雷特》中的名言："脆弱啊，你的名字叫女人。"在这里反其意而用之，反映出新时代的女性敢于向传统习惯势力挑战，具有昂扬奋发、自强不息的战斗精神。从语言表达上来看也显得简洁有力、警策动人，同时又富有情趣。

推陈出新。在口语交际中，有时对某些已经陈旧的寓言典故进行加工改造，挖掘出具有现实意义的新意，化腐朽为神奇，推陈出新，可以使谈话别开生面。例如：

1958 年 1 月上旬，毛泽东同志在杭州同上海的几位老知识分子深夜长谈。在谈到《登徒子好色赋》时，他幽默地说："登徒子取了一个丑媳妇，但是登徒子始终对她忠贞不贰，他是模范地遵守《婚姻法》的，宋玉却说他好色，宋玉用的就是攻其一点，不及其余的方法。"

在这里，毛泽东同志为登徒子翻了案，指出登徒子对爱情的态度是值得今天的人们学习的，使这个陈腐的寓言故事具有了新意，也使谈话妙趣横生。

提升内涵。"对待事业，即使有心栽花花不开，也要栽；对待名利，即使无心插柳柳成荫，也无心。"有心栽花花不开，无心插柳柳成荫，这句俗话的形式和内涵广为人知，借用它，稍加改动，以表明自己的观点，就得到了听众的认可。

生活中有许多流传甚广的话，如民谣、俗语、谚语等，被人们所理解的内涵是相对固定的，如果演讲者能巧妙地借用这些老的形式，并加以改进，赋予它新的内涵，就能在演讲中创新，找到取之不尽的宝贵资源。只要演讲者能自圆其说且言之有理，就能达到一种新的和谐。

由此及彼。深圳华为公司总裁任正非在演讲中曾提出一个重要的新观点："要提倡思想上的艰苦奋斗。"他说：

> 生活上和工作上的艰苦奋斗，比较容易引起人们的关注，而思想上的艰苦奋斗，看不见，摸不着，难以引起人们足够的重视。正因为如此，有些人就越来越淡化了思想上的艰苦奋斗精神，其突出表现就是身勤脑懒，整天东跑西颠，显得忙忙碌碌，可一旦遇到费脑筋的事，却不肯或不善于下一番功夫去深入思索，因而这些人跑得再勤，也跑不出多大所以然来……唐代韩愈有句名言"行成于思毁于随"，这句话是很有哲理的，所以我们要提倡思想上的艰苦奋斗，本质的要求就是要在思想上吃得起苦，深入进行理论思维。以往我们对艰苦奋斗的理解普遍停留在能吃苦、不怕累、出大力、流大汗的层次上，关注点主要集中在生活和工作方面，提倡这一点无疑是应该的，但在知识经济背景下的高科技企业的竞争当中，光讲生活上和工作上的艰苦奋斗是不够的，还应该突出强调思想上的艰苦奋斗。

任正非在演讲时提出的这一新观点，对市场竞争中的高科技企业来说，其深意和新意是不言而喻的。

由浅入深。索尼公司的创始人井深大曾于 1971 年出版过一本极为畅销的书《始于幼儿园为时过晚》。当时人们普遍认定的是：大学教育的基础在中学，中学教育的基础在小学，而井深大则把问题再深入挖掘一层，认为还要重视幼儿园的教育，最后的结论是：不！始于幼儿园也已经太迟。从大脑生理学的角度来看，生下来的婴儿具有 100 亿以上的脑细胞，同没有"接线"的计算机一样，在这样的头脑还没有成熟时，是否给予刺激，将决定"接线"即组成头脑的形状的好坏，所谓"接线"在 4 岁时要完成 60%，八九岁时要完成 95%，17 岁时要全部完成。所以，在幼儿时，如果缺乏良好的刺激是不行的。

这虽然是一篇文章，不是一个演讲实例，但从思维的角度来说，对演讲的创新思维无疑是很有启发意义的。

有时关于某一问题已形成结论并被人们当作定论广为接受，似乎再也没有思考下去的必要了，但实际情形远非如此，只要我们再往前走一步，就会发现"风景那边更好"。

语言的独特性。演讲稿的语言既要具有自然质朴、简洁明了的本色，又要具有准确严密、条理规范、生动形象、平易亲切、圆润动听、甚至幽默风趣等特点。这就要做到认真地锤炼语言。有时在整散结合中显示出参差美，有时在平易中显示绚丽美；有时需曲折含蓄，峰回路转；有时需明白晓畅，酣畅淋漓；有时庄重，有时诙谐，有时激昂，有时舒缓……凡此种种，都要各得其"体"，恰到好处。如鲁迅先生《未有天才之前》这个演讲的语言运用就是这样的典范。演讲的第三部分有这样一段话：

就是在座的诸君，料来也十之九愿有天才的产生罢，然而情形是这样，不但产生天才难，单是培养天才的泥土也难。我想，天才大半是天赋的；独有这培养天才的泥土，似乎大家都可以做。做土的功效，比要求天才还切近；否则，纵有成千成百的天才，也因为没有泥土，不能发达，要像一碟子绿豆芽。

在这里，鲁迅先生把群众比作泥土，把天才比作种子，形象说明了要培养天才，支持新思想新文化的必要性，使听众在轻松幽默的气氛中接受了道理。又如马丁·路德·金《在林肯纪念堂前的演讲》中说道："就某种意义而言，我们是来首都兑现期票的。""期票"是美国总统对民权的许诺，"期票"的签字人是美国政府，而每个美国公民都是该"期票"的合法继承人。这样的比喻贴切美妙，新颖有趣，很容易引起听众的感情共鸣。而后，作者用了"我梦想有一天……"4个排比段，痛快淋漓地表达了对自由的渴望。句式整散结合，富有变化，气势雄劲有力，犹如不可阻挡的飞瀑，从而大大激发了听众反对种族歧视的斗争热情。

遣词造句上要修辞

讲话不仅要让听众听得懂，还要让听众喜欢听。这就要考验讲话者在语言技巧上的功力了。生动形象的事例、幽默风趣的语言都能够激发听众的热情，调节现场的气氛。要想做到语言生动，可以在句式和修辞上做文章。脱稿讲话中善于使用一些修辞方式，能够为讲话锦上添花，在表达观点上也会起到很好的效果。

排比

成功的演讲就是要用强大的气势征服听众，就像钱塘大潮一样，一波未平，一波又起，酣畅淋漓，如水银泻地、风卷残云，给听众留下一种深入骨髓、过耳不忘的感觉。在这方面，排比句拥有无可比拟的优势。

所谓"排比"，就是用结构相似的句子表达同一层意思。只要能够巧妙地运用，就能够越来越强烈地表达情感，如晴天霹雳一般震撼听众的内心。很多出色的政治家就很善于用这种方法来强化演讲力度。

美国独立战争期间，美国社会分成了两派。一派主战，主张用武力实现美国的独立；一派主张向英军妥协和解。当时，杰出政治家、主战派人士帕特里克·亨利在弗吉尼亚州第二次议会上发表了一篇名为《不自由，毋宁死》的演讲，其中有这样一段："但是我们什么时候能变得更加强大呢？下周，还是明年？难道非要等到我们被彻底解除武装，家家户户都被英军占领的时候吗？难道优柔寡断、毫无作为能为我们积聚力量吗？难道我们能高枕而卧，要等到束手就擒之时才能找到退敌的良策吗？"

这 3 个反问句组成排比句式，层层递进，雄浑的力量层层叠加，咄咄逼人，如泉奔涌，情感积蓄到顶点，那句著名的"那就让战争来吧""不自由毋宁死"无可抵挡地喷薄而出，有力地捍卫了自己的主张，也强烈地激发出了听众的主战情绪。这种在演讲中巧妙运用排比的力量取得成功的例子非常多。

排比在演讲中已普遍使用，因为排比能从不同的角度、不同的方面表达演讲者的思想观点，并且富有气势和强烈的感染力。

莫言在一次演讲中连用 30 个 "是"排比陈述社会 "喧嚣"。

> 社会生活总体上看是喧嚣的。喧嚣是热闹的，热闹是热情，是闹，是热火朝天，也是敲锣打鼓，是载歌载舞，是一呼百应，是正声喧哗，是望风捕影，是添油加醋，是浓妆艳抹，是游行集会，是大吃大喝，是猜拳行令，是制造谣言，是吸引眼球，是人人微博，是个个微信，是真假难辨，是莫衷一是，是鸡一嘴鸭一嘴，是拉帮结伙，也是明星吸毒，也是拍死了苍蝇，也是捉出了老虎，是歌星婚变了，是二奶告状了，是证明了宇宙起源于大爆炸，也证明了宇宙不是起源于大爆炸，确实是众生喧哗。

同时，莫言认为喧嚣也并不全是负面，也是社会进步的一种表现。从原始社会到封建社会，从大炼钢铁到改革开放，不同时期社会喧嚣各不同。

> 但是最近十几年，（社会）越来越喧嚣，这种喧嚣有的是有声的，是在广场上吵架或拳脚相加。有时候是无声的，是在网络上互相对骂。

喧嚣在社会生活中无处不在，但在莫言眼中，真实才是社会更加重要的基础。"有时候喧嚣掩盖真实，或者说掩盖真相。但大多数情况下，喧嚣不可能永远掩盖真相，或者说不能永远掩盖真实。"

设问

此法是在演讲开头先来几个设问，抓住听众的心之后，再进行下面的演讲。

演讲者为了强调自己的某一观点，或者为了启发人们的思考，或者为了抓住对方的注意力，故意先提出一个问题，然后自己做出回答。这种无疑而问，自问自答的修辞方式就是设问。例如：

> 某公司经理从厅里开会回来，立即召开中层干部会议，传达会议精神。经理问："这次去厅里开会，会上给厅里几家大企业按资产、效益排了一下队，大家猜猜看，我们公司排第几位？"一个设问句引起了与会者的浓厚兴趣，大家交头接耳，议论纷纷，然后又不约而同把目光集中到经理身上。经理说："我们公司排在倒数第二位。"与会干部面露惊讶之色，有人心里即刻产生了紧迫感。

> 1939 年 6 月 18 日，戴高乐在英国向法国人民演讲，开始他是这样说的："事情已经定局了吗？希望已经没有了吗？失败已经确定了吗？没有！"戴高乐连用 3 个设问句，以排山倒海之势向法国人民振臂高呼，然后是简洁明快的答案："没有！"这是何等的信心百倍！何等的激情奔放！失望中的法国人民怎能不顿时为之精神大振呢？

反问

反问也是无疑而问，明知故问，但它只问不答，寓答案于问话之中。否定句用反问语气就表达肯定的内容，肯定句用反问语气就表达否定的内容。反问在演讲中经常运用，特别是在演讲的高潮部分。例如，美国政治家、革命家帕特里克·亨利的《诉诸武力》演讲中说道：

> ……我们的兄弟此刻已经开赴战场！我们岂可在这里袖

手旁观，坐视不理？……难道无限宝贵的生命、无限美好的和平，最后只能以镣铐和奴役为代价来获取吗？

这两个反问句不仅使其演讲结尾"不自由，毋宁死"的口号有所寄托，而且使听众大为震撼。

反问用确定的语气表明演讲者的思想，比设问表达的思想感情更为强烈，能激发听众的感情，给其造成深刻的印象。因此在号召式演讲的高潮中，很少有不用反问的。

反问的特点是只问不答，用疑问的形式表达确定的思想内容。在演讲中，使用连珠炮似的反问能够加强演讲的语势，把原来确定的意思表达得更加鲜明和不容置疑，比正面表态更富有激发鼓动力量。同时，由于反问语句带有强烈的感情，它更容易唤起听众的激情和想象。运用"连珠反问"的造势技巧，可以使演讲者与听众的感情产生强烈的共鸣，把演讲推向激越的高潮。

故事具有与生俱来的可读性

不少人都有这样的感受：同一个话题，别人讲起来头头是道，实实在在，而由自己来讲总是干巴巴的，几句话一出便无话可说。显然，善不善于运用举例法是很重要的原因。其实，说话和做文章一样，都要借助具体材料来说明和展开论点。在交谈中，为了支持自己的见解，列举一些事例可以起到说明和论证的作用，同时也有助于整个话题的展开。

一位美国国会议员曾经在纽约旧马戏场做了一场演讲，结果被听众的吼叫和嘘叫声赶下了台。他原本是一位严谨的人，所以在这场演讲中，他根据惯性采用了严肃的说明性的表达方式，讲述了很多理论性的东西。

刚开始，听众们还很耐心地听他说话。十几分钟后，他们开始仅仅出于礼貌而安静地坐着，但这位国会议员由于还没有说完，所以自顾自地演讲下去。二十几分钟后，人们开始不耐烦了，有人喝倒彩，有人起哄，有人吹起口哨，还有人大声吼叫。这位倒霉的演讲者竭力想将演讲坚持下去，直到将自己预先准备的那些枯燥的说明性文字念完为止。

人们的怒火爆发了，大家开始大声抗议，最后他的声音被淹没在此起彼伏的吼叫和愤怒中，几米外就听不到他的声音了，无奈之下他只好灰溜溜地下台了。

与理论相比，故事具有与生俱来的可读性。大凡感人的篇章通常都是讲述了一个或一系列动人的故事。一本成功的励志类书籍的绝大部分也都是故事和例证，剥离这些事例，文章也就不能称其为文章，书也就如同夏天的暖气一样让人生厌。同样，在讲话中，要赢得听众的注意力和兴趣，最简单的办法就是讲一些有感染力的故事、例子，少做说明性、解释性演讲。

如何讲好事例呢？可以采用以下提到的几种方法。

使事例充满合适的细节

如果你能围绕话题重点，用细节来渲染你的故事，就会让听众感觉如在眼前。相反，如果只说你从前开车因疏忽而发生意外，就很难让听众小心驾车。如果你把惊心动魄的经历转化为语言，使用各种辞藻来表达你的切身感受，那么就能把这件事深深地烙在听众的大脑中，他们也就会相信你的忠告。

细节本身不具备趣味性。例如，到处散置着家具和古董的房间并不好看，一幅图画全是不相关的细物也不能让人们的眼睛停留。同样，无关紧要的细节太多，也会让当众演讲成为无聊的活动。所以，你必须选择那些能强调你的演讲重点和缘由的细节。如果你想告诉大家，在长途旅行前，应该先检查车辆的性能状况，那么你应该详细讲述某次旅行前，因为没有事先检查车辆而发生的悲剧。相反，如果你先讲怎样观赏风景，或者到达目的地后在什么地方过夜，就只会遮盖重点，分散听众的注意力。

叙述事例时让经验重现

除了运用图画般的细节之外，演讲者还应该让情景再现。演讲和表演有相近的地方，所有著名的演讲家都有一种表演的天分。这并非一种只能在雄辩家身上找到的稀有特质，孩童们大多也具有这种才能，我们所认识的许多人也都有这样的天赋。他们富于面部表情，善于模仿或做手势。我们多数人也都有这样的技巧，只要稍微努力和练习，就会有一定的进展。

例如，你想给我们描述一场大火吗？那不妨为我们讲述消防队员与火焰搏斗时，人们感受到的激烈、焦灼、兴奋、紧张的感觉，并把这些传递给我们。你想告诉我们你同邻居之间的一场争吵吗？那就把它再现在我们眼前，戏剧化地表现出来。你想描述在水中做最后挣扎时的惊恐情绪吗？那就让我们感受到生命里那些可怕时刻的绝望吧。

举例的目的之一，就是让听众对你的演讲牢记不忘。只有让事例深深印在听众的脑海中，他们才会记住你的演讲以及你希望他们去做的事。我们之所以能记得华盛顿的诚实，是由于他小时候砍樱桃树的故事，已经通过威姆斯的传记《华盛顿生平录》而深入人心。

这种事例，除了可以让你的演讲容易被人记住之外，还可使你的演讲更加有趣，更具有说服力，也更容易理解。

不要过多赘述他人的故事

举例子是演讲中经常被用到的方式之一。一条一条地罗列观点，绝对是不讨喜的。可是对于例子的选择也要十分慎重。一般情况下，鼓励大家多举一些跟自己相关的例子。

首先，关乎自己的例子，会降低演讲准备的难度。亲自经历的事件一般不难描述，而且这种描述可能愈发生动，这个故事我们可能已经给许多人讲过了，所以在陈述上会更符合听众的口味。每次讲述这个故事，我们可能都会得到一些反馈，这些反馈促进演讲者逐渐修正陈述的逻辑，所以在演讲中应用这样的例子，效果一定非常好。

其次，听众希望听到关于演讲者自己的故事。既然来听演讲，肯定是对演讲者充满好奇，如果是想来听其他人的事情，还不如自己买书来看一下。梁文道、蔡康永这样的文化名人到各大学演讲的时候，肯定是要从自身出发的。龙应台在香港大学的演讲，也完全是从自身感受出发进行的。这些演讲老手深知，听众会为什么埋单，听众反感什么。

罗威尔·托马斯是举世闻名的新闻分析家、演讲家和电影制片人。他在讲《阿拉伯的劳伦斯》时是这样开始的：一天，我正在耶路撒冷的基督街上走着，忽然遇到一位身穿华丽的东方君主长袍的男子，他的腰上挂着一把先知穆罕默德的传人所佩挂的黄金制成的弯刀……

他便这样开始了演讲旅程——以自己的亲身经历开始，这正是吸引听众注意力的因素。

你看看英国文学家纪伯伦在开始演讲时是怎样逗引听众大笑的。他所讲的并不是编造出来的故事，而是他自己真实的经历，并且用戏谑的口吻指出其中的矛盾。他说：

> 诸位，我年轻的时候，一直住在印度，我常常为某家报馆采访刑事新闻，这工作是非常有趣的，因为它使我有机会认识一些伪造货币者、盗窃者、杀人犯等富有冒险精神的天才。（听众大笑）有时我采访到他们被审判的情形后，还要到监狱里去拜访一下我那些正在受罪的朋友。（听众又发出笑声）
>
> 我记得，有一位因为杀人而被判无期徒刑的人，是个很聪明且善于说话的年轻人。他告诉我他的高见："我觉得一个人如果一失足跌入罪恶的深渊里，就非得从此为非作歹不可。最后，他会以为只有把其他人都挤到邪路上，才可表现自己的正直。"这句话中的"他"正好可以贴切比喻当时的内阁！（听众的笑声和掌声并起）

当然，这并不是说，我们不能举一些别人的例子。宋美龄在访美演讲中，就讲述了一个禅宗的故事，这样的小故事虽然与她本身没有大关系，但对于美国的听众来说，十分新鲜，这种新鲜感也是非常奏效的。

演讲成功的天然燃料：热诚

　　只有由心灵传递思想的演说才能打动并说服听众。因为每次我们演说时，听众的反应完全由我们来控制，是我们掌握听众。假如我们烦闷，听众也就忧闷；假如我们是散漫的，听众也就漫不经心。但是假如我们所讲的话极其诚恳，假如我们讲时动了真感情，的确是发自内心的热诚，则听众绝不会不为所动。

　　口若悬河的人并不一定拥有好口才，善于表达热诚的人才能说有好口才。当你用得体的话语表达了真挚的情感，才能赢得对方的好感和信任，才能叩开他们的心门。

　　美国第十六任总统林肯就是利用热诚为自己赢得了民心，取得了总统职位。竞选时，林肯和上议院道格拉斯是竞争对手。在伊利诺伊州的辩论中，林肯凭借热诚朴实的演讲打动了民众的心，取得了胜利。

　　在演讲时，阔佬道格拉斯特地租用了漂亮的专列，并且在车后安装了大炮，每到一站就鸣30响，还有乐队伴奏。道格拉斯狂妄地说："要让林肯这个乡下佬闻闻贵族的气味。"

　　对于道格拉斯的挑衅，林肯全然不放在心上。他自己买票乘车，每到一站就登上朋友为他准备的马车演讲。在一次演讲中，他这样说道："有人问我有多少财产，我有1个妻子，3个儿子，都是无价之宝。此外，还租有一个办公室，有1张办公桌，3把椅子，墙角还有1个大书架，架上的书值得每个人品读。我又穷又瘦，脸蛋很长，不会发福。我实在是没有什么可依靠的，我唯一可依靠的就是你们。"

一番言辞恳切的话，为林肯赢得了热烈的掌声，也赢得了民心。

热诚的话远远比豪华的派头更能获得别人的信任。林肯的表现就是一个鲜活的例子。学会热诚地说话吧，你会俘获更多人的心。

卡耐基曾说过："若一位演讲者带着坚信的口气，诚恳地叙说，那他是不会失败的。不论他所讲的内容是政治、经济政策，或一个人的旅行感触，只要他确实觉得心里有不能不告诉你的冲动，那么他的演说就会有强烈的感染力足以打动人。他的坚信是用何种方式表达出来的并不重要，重要的是他要带有情感。具有热诚的演讲者，其影响力将是巨大的。他也许在修辞上犯无数的错误，但不会影响他演说的成功。因为听众可以原谅他的小错误——是的，听众几乎察觉不出他有错误。"

历史可作见证：林肯演说时高而尖的声音极不悦耳，大演说家戴莫森讲话口吃，胡克的声音很小，但他们都有一股热诚，能弥补这些不足。

通俗易懂更靠近听众

通俗易懂是演说语言的一个特点，即用听众熟悉、能马上理解的语言，把要讲述的内容表达出来。避免采用生涩、艰深、冷僻的词语，避免引用不好理解的古文和诗词，避免过多使用专业术语和学术名词。总之，语言要明朗化、浅易化、大众化。著名的演讲大师都是非常注意这一特点的。

公开演讲所面临的最大挑战就是过度修饰辞藻反而使内容失去了可信性。为避免这个问题，我们可以采用以下几个方法：

大白话

在演讲的时候，不妨来点"大白话"。讲话首先是靠人的听觉接受的，所以要让听众听得清楚、听得明白，就要尽量少用晦涩难懂的书面语，多讲通俗易懂的"大白话"。语言要做到通顺流畅、语气自然、节奏明快，说出来朗朗上口，听起来赏心悦耳。

井冈山斗争前期，许多同志不懂中国革命战争的特点，也不懂什么叫游击战术，毛泽东简明扼要地将其概括为"十六字方针"，即"敌进我退，敌驻我扰，敌疲我打，敌退我追"，并在一次会议上进一步解释道："打仗行军就是一门学问，打得赢就打，打不赢就跑，赚钱就来，蚀本不干。"

毛泽东这番对游击战术的解释，讲的可谓都是生活中的大白话，浅显易懂还好记，即便是没有文化的红军战士也能听得明明白白。

美国网站 Vocativ 整理分析了从乔治·华盛顿到奥巴马的 600 多篇总统演说，结果发现，美国总统演讲的时间正在变得越来越长，同时也越来越容易听懂。在 1789 年，博士学历水平的人才能听懂华盛顿的演讲，而现在连 6 年级的小学生都能明白奥巴马的演讲。表面看起来，美国总统的演讲水平似乎变得越来越差，但事实并非如此。克林顿的演讲稿撰写人之一杰夫·西尔索说，这其实是一个国家越来越民主化的标志。在美国建国之初，总统们认为他们的听众都是和他们一样的人：文明、有教养的土地所有者，也只有他们有投票权。但随着历史发展，拥有投票权的人越来越多，总统为了赢得选举，必须靠近更广大的听众，其演讲也随之变得越来越通俗易懂。

大众语

老百姓的语言是最为生动鲜活的，领导干部要提高语言表达能力，就要注意向群众学习，在讲话中不妨适当引用一些在群众中广为流传的俗语、谚语、顺口溜等大众语言。

土地革命战争初期，毛泽东同志在向长期受封建迷信压迫束缚的贫苦农民讲解革命道理时，就采用了农民能够听懂的"土"语言，他说："信八字望走好运，信风水望坟山贯气……神明吗？那是很可敬的。但不要农会，只要关圣帝君、观音大士，能够打倒土豪劣绅吗？那些帝君、大士们也可怜，敬了几百年，一个土豪劣绅不曾替你们打倒！现在你们想减租，我请问你们有什么法子？信神呀，还是信农民会？"

口语化

毛泽东同志虽然是一位伟人，但不论是演讲、做报告，还是日常交谈，他都能经常使用平常人所用和熟悉的语言、词汇。譬如：他说小资产阶级发财心切，就说他们"对赵公元帅礼拜最勤"；号召中国人民起来打倒帝国主义、封建主义、官僚资本主义，就说人民应该起来推翻压在自己头上的"三座大山"；他谴责蒋介石不抗日，却要抢占解放区的土地，就说蒋介石"躲在峨眉山上"不栽树、不浇水，却要摘桃子；他在革命胜利后提醒共产党人要防止资产阶级"糖衣炮弹"的进攻；他称赞青年一代"朝气蓬勃，正在兴旺时期，好像早晨八九点钟的太阳"。就是在分析世界形势的重大问题上，他也说得十分生动、形象、绝妙，"不是东风压倒西风，就是西风压倒东风"。通过以上所举的例子，我们不难看出形象生动、有的放矢、通俗易懂、灵活多样是毛泽东演讲语言艺术中最突出的特点。

口语与书面语之间有比较明显的差别。有人说，书面语是最后被理解，而口语则需立即被听懂。

与书面语相比，口语具有以下特点：

句式短小。口语的句式短小简单，容易理解。

通俗易懂贴近生活。要使用常用词语和一些较流行的口头词语，使语言富有生气和活力。

善于使用表明个人倾向的词语。诸如"我们知道""依我看来"等，并且常常运用"但是""除了"等连接词，使讲话活泼、生动。当然，讲究表意朴实的口语化，绝不能像平常讲话那样随便，任意增减音节，拖泥带水，这样便损害了口语的健康美，破坏了语言的完整性。

有些人错误地认为，不论是发言还是演讲，既然是在众人面前表现自己的口才，就要选用那些文绉绉的词语，给人留下文化品位高的印象。其实，这种认识是片面的。要知道，词语是静态的，而听众接受的形式还是以听觉为主。如果我们的讲话能够让词语"动"起来，使听众眼前浮现出不同的"立体"形象"画面"，那么无疑会使人浮想联翩而兴味盎然。反之，如果净用那些抽象笼统、没有"色彩"变化的词语，就容易让听众索然无味，失去对所听演讲的兴趣。

请看周恩来总理欢迎尼克松总统的演说词：

尼克松总统应中国政府的邀请，前来我国访问，使两国领导人有机会直接会晤，谋求两国关系正常化，并就共同关心的问题交换意见，这是符合中美两国人民愿望的积极行动，这在中美两国关系史上是一个创举。

美国人民是伟大的人民。中国人民是伟大的人民。我们两国人民一向是友好的。由于大家都知道的原因，两国人民之间的来往中断了20多年。现在，经过中美双方的共同努力，友好来往的大门终于打开了。目前，促使两国关系正常化，争取缓和紧张局势，已成为中美两国人民强烈的愿望。人民，只有人民，才是创造世界历史的动力。我们相信，我们两国人民这种共同愿望，总有一天是要实现的。

周总理的演说是一次重大的政治演说，但他的演说词却非常口语化，而且很通俗。听起来很直白，但并不浅显，因为它蕴含了深刻的内容。

还有，像当年毛泽东说"有新闻也还有旧闻"的句式也是大白话。他提出，"'一般'如果没有硬杠杠，最后都成了'二般'了"。他讲，"我们手里捏着一把好牌，一定要有好牌打成为好局的自信"。他还讲，"做群众工作，我们共产党本来就是拿手的"。

类似"一把好牌""拿手的"这样极具口头语的用词和表达，远比那些"打磨"过后工工整整的大话更生动活泼，更具生活气息。这些很接地气的群众语言，轻松自然、通俗易懂，口语化味道很浓，它一扫人们反感的大话、套话、空话和官话，与大众话语体系很对接、很吻合，似春水一般清澈，令人耳目一新。

把话说形象才更吸引人

一段短小精悍的演讲，其语言离不开形象化。因此在演讲时，要注意使用形象化的语言，因为形象化的语言听众更容易理解和接受。

1927 年，秋收起义失败后，毛泽东在文家市对打散后又重新集结的起义队伍做了一次朴素而又振奋人心的演讲：

> 我们工农武装现在的力量还很小，就好比一块小石头；蒋介石反对派现在的力量还很大，就好比一口大水缸。只要我们咬紧牙，挺过这一关，我们这块小石头就总有一天会打烂蒋介石那口大水缸！

这里，"小石头"和"大水缸"是出身工农的起义战士所熟悉的。如果用"社会发展的肯定性力量"和"社会发展的否定性力量"来代替"小石头"和"大水缸"做演讲，就不那么容易被接受了。

要让听众"看见"你的话，还有一项极为重要的技巧，这就是景象描绘。曾任北大校长的胡适用这样通俗的方式来说明中国人的性格，他这样说道：

> 一个人捉到一只雁，把它养在楼上半阁里，每天给它一桶水，让它在水里打滚游戏。那雁本是一个海阔天空逍遥自得的飞鸟，如今在半阁里关久了，也会生活，也会长得胖胖的，后来竟完全忘记了它从前那种海阔天空来去自由的乐处了！个人在中国社会里，就同这雁在人家半阁上一般，起初未必满意，久而久之，也就惯了，也渐渐地把黑暗世界当作安乐窝了。

景象描绘就是使用能造成图画般景象的字眼。让人感到轻松愉快的演讲者，都是能在听众面前塑造景象的高手。

卡耐基总结他的成功之道说："景象！景象！景象！它们如同呼吸空气一般，是免费的呀！把它们撒在演讲里，你就更能欢娱别人，你的演讲也会更具影响力。"

要使语言生动感人，必须做到：用形象化的语言。恩格斯的《在马克思墓前的讲话》，把马克思的"逝世"改成"睡着了"，这样不仅形象地写出马克思逝世的从容、安详的神态，而且也饱含了作者内心无限悲痛的感情。

一个知道怎么把话说到位的人，会使他说的景象浮现在听众的眼前，而那些不会讲话的人只是笨拙地使用平淡无味的语言，结果让听众昏昏欲睡。因此，你应该把景象用在你的演说中，这样，你就更能感染听众，让听众接受你的观点了。

换句话说，我们应该多用具有视觉效果的语句。具有视觉效果的语句最能唤起人们脑海中的景象，甚至可以引出观众的想象，达到一种互动的效果。

法国哲学家阿兰说："抽象的风格总是差的，在你的句子里应该充满了石头、金属、椅子、桌子、动物、男人和女人。"

因此，只有使自己的语言生动形象，在登台演讲时，才能取得更好的效果。

在故事中体验情感

无论何种类型的演讲，首要任务是吸引人。演讲要吸引人，方法

很多，讲故事恐怕是最常用、最有效的方法。看看《百家讲坛》就知
道，易中天、王立群把历史故事化，于丹把哲理故事化。可是演讲并不
单单是讲故事，演讲有明确的目的性，或抒情、或明理、或言志，作用
多多。我们要知道，再真挚的情感，再深刻的哲思，没有事实的依托，
都如空中楼阁。

无论选择什么样的故事，都是为演讲主题服务的。演讲主题要体
现演讲的思想价值和审美品位，使演讲具有深刻感人的艺术魅力。而讲
故事是提升主题的最有效方式之一。

罗素·康威尔的著名演讲《怎样寻找自己》，进行了 6 000 多次，
收入多达百万美元。他的这篇著名的演讲是这样开头的：

> 1870 年，我们到格利斯河游历。途中我们在巴格达雇了
> 一名向导，请他带领我们参观波斯波利斯·尼尼维和巴比伦
> 的名胜古迹。

他就是用了这么一段故事，来做他的开场白。这种方式最能吸引
听众。这样的开场白几乎万无一失。它向前推进，听众紧随其后，想要
知道即将发生的事情。

经常有这种情况：本应获得听众兴趣的开头，往往成了演讲中最
枯燥的部分。

比如说这样一个演讲："要信赖上帝，并且相信自己的能力……"
这样的开头就像开水煮白菜，说教意味太重。接着他说："1981 年我的
母亲新寡，有 3 个孩子要养育，但却身无分文……"第二句话就渐渐
有意思了。演讲人为什么不在第一句就叙述寡母领着 3 个嗷嗷待哺的幼
儿奋斗求生的事呢？

弗兰克·彼杰就是这样做的。他写了《我怎样在销售行业中奋起成功》一书。在美国商会的赞助下，他曾经在全美做巡回演讲，谈论有关销售的事情。他演讲"热心"这个题材的开始方式，真是高妙无比，叫人佩服得五体投地。他一不讲道、二不训话、三不说教、四无概括的言论，一开口便以讲故事的方式进入核心。

"在我成为职业棒球选手后不久，我便遇到了一生中最使我感到震惊的一件事。"

现场听众听到这个开头后，立刻就来了兴趣。每个人都迫切地想听听：他遇到了什么事？他为什么会震惊？他是怎么办的？

关键是找出故事中切合主题的点是什么。

听众天生都是叛逆的，如果你告诉他们要体会什么，他们往往体会不到你说的那种感觉。如果你对一个孩子说："我给你讲一个吓人的故事"，十有八九，他听完故事之后会说："这故事一点都不吓人。"如果你对一位听众说你打算讲一些有趣的事情，你会发现他正襟危坐、抱紧双臂、紧蹙双眉，打定主意不发笑。因此，不要告诉听众会感觉到什么，只是描述故事的原貌就可以了，让听众自己去体会个中奥妙。不要说"他是紧张的"，而要说"他双手冒汗"；不要说"今天真是个好天气"，而要说"今天阳光灿烂，微风习习"；不要说"当母亲看到儿子驱车离开，去远方参军，内心感到很悲伤"，而要说"当看到儿子驱车离开，母亲转过身来，用袖子擦了擦眼角的泪水"。设想一下，倘若你正在为听众制作一部电影，应该让人们根据你讲的故事体验他们自己的情感。

演讲前的练习阶段

不同的演讲有不同的练习方法。总的来说，演讲前的 3 个练习阶段对演讲能力的提升非常重要。

前期练习充实提纲。先在脑海中构思自己演讲的提纲。反复阅读多次，把它的逻辑顺序熟记在心。坐在桌前，轻声地把提纲念出来。向自己解释提纲的内容——一边思考一边说话。

然后找一个安静的角落，把演讲内容根据实际情况组织起来。站起来，以正常的说话声音演讲一遍，加入所有要讲的内容。不要自言自语。在澄清一个问题后，尽量把准备好的例子举出来。要尽早发现难读的单词、短语或句子结构。设想发表演讲的场合，设想自己处于这种场合。不要在心里想，"这只是排练罢了"，要做得像真的一样——就像看到听众的一张张脸，面对黑压压的人群发表演讲。不要有意识地关注自己的手势和声音以免分心。

经过一段时间之后，你会起草自己的第一份演讲稿。不要把它们珍藏在心里不再加以改动。在你推敲用词造句时，可以根据实际情况对原先的内容进行改动。记住，不要让自己拘泥于一种措辞用语不能自拔。

通过中期练习获取反馈信息。现在你已对现有的资料感到得心应手，但是还没有进行最后润色修饰，你应该花点时间就自己的演讲情况征求反馈意见。可以在其他人面前练习演讲，征求反馈意见。

你在构思自己想法时，可以征询他人的意见。不管他们是同事、家人还是朋友，你可以向他们征询各种各样的意见，认真听取他们的看法。但是如果可能，尽量超越与自己观点雷同的圈子去寻找批评者。这些批评者或许最贴近地代表了你可能面对的听众。

假设你的听众是一群中学生，你可以请十几岁的侄子、外甥或其他青少年朋友来充当自己的听众，排练演讲。演讲时你要像面对真正的听众一样全心投入，不要因为紧张而手足无措。不要因为他们是朋友而让演讲显得随便松散。不要把该讲的内容省略掉，说"你们听过这个故事"，要把这个故事再讲一遍。不要闲聊，而是发表演讲。

请他们对演讲的内容和发言提出实事求是的看法，但是不要把任何人的意见看作最后判决。他或她就像所有其他人一样有自己的怪癖和偏见。这就是为什么请一群人充当听众情况会稍好一些，因为你可以综合多方的意见。

你不应该问："你们觉得我的演讲怎么样？"因为他们的回答会是"很好""我觉得不错"，而这对你并没有太多助益。准备几个问题，引导你的批评者发表意见，明确他们的回答。你到时候可以提这样一些问题："你认为我想说明的是哪个重要问题？"如果他们没有说出你演讲的主题，那么你必须重新考虑演讲稿的内容和结构。"我想表达的主要内容是什么？"他们应该指出你的要点。

在继续你的演讲准备之前，要弄清楚这两个问题的答案。你是带着某种目的发言的，如果你发表演讲的原因不明确，其他一切都不值得一提。如果你认为自己目的明确并对此感到非常满意，你可以围绕下面的内容提出问题：

"你认为我表达自己想法的方式是否合乎逻辑顺序？"

"我的演讲是否始终吸引着你的注意力？哪一部分比较乏味或者混乱不清？"

"我有没有证明自己的观点？"

"我的开场白是否说明了将要发表的演讲内容？"

"结论部分是否紧扣演讲内容？"

"我的声音听起来是否自然？"

"我有没有表现出不自觉的分散听众注意力的举止？"

如果不得不站在镜子前面练习，要注意把握分寸。

我们认为站在镜子前面练习弊大于利。如果演讲者在发表演讲时把注意力集中在自己的形象上面，这不符合我们的主张。我们觉得应该把注意力集中在信息传达和你的听众身上。在练习时，你脑子里始终考虑的应该是自己的听众——他们的面庞，他们的反应。如果你把自己设想成独自一人站在台上，面对着台下黑压压的人群，这样做非常糟糕。

在镜子前面练习演讲时，你会对自我形象更加在意，可能会把演讲当作表演而不是与观众的互动交流。站在镜子前面时，你不得不分神考虑自己在说什么以及怎样说出这些内容。

如果你无法通过其他方式对自己的神态、手势和面部表情进行一般的审查并得到反馈，也许可以站在镜子前面检查一次。

最后的练习完善风格。到此为止，你应该已经对发言内容成竹在胸，同时已进入一种从容自如的状态。你不应该在最后期限之前仓促地进行大幅度的修改。

如果你要采用道具，应该尽早准备这些东西，以便在最后排练时把它们包括进来。在最后敲定演讲稿的问题上也是同样的道理。检查自己是否遵守了当初的时间安排。练习演讲时，站起来，采用实际演讲的节奏、口吻和声音。向众多的听众发表演讲时，你的音量会比早期练习时高。如果你的演讲技巧不太成熟，比较生硬，这会是件很吃力的事。你要在最后排练时毫无羞怯地大声演讲，就像实际演讲时为了使大家听清楚你必须提高嗓门一样。

接着通读自己的笔记和提纲，但是不要用阅读笔记和提纲来取代正式的练习。

（本文摘编自水中鱼：《演讲金口财》，华中科技大学出版社，2010年出版。）

第 5 章

演讲即说服

当我准备发言时，总会花三分之二的时间考虑听众想听什么，而只用三分之一的时间考虑我想说什么。

——林肯

·⑴⑴⑴ |⑴⑴· CHAPTER 5

演讲的另一个名字叫"说服"。对商业人士来说，每一次交流都是一次 IPO（首次公开募股），一个有说服力的演讲可能会成全一笔价值连城的生意。每个商务演讲都有一个共同的目标：成为一种说服的艺术。这是每个商业人士都必须具备的一种艺术，对演讲者来说，说服就是让你的目标观众颔首点头。

直接指出演讲向听众传递的价值

事实上，所有公众演讲的目的就是对有价值信息的传达。但是今天，大部分演讲都不能流畅地传达信息、说服听众，这个问题全球平均每天要发生 3 000 万次。之所以出现这样的状况，是因为绝大多数商业演讲变成了密集的向听众单向灌输信息、传达数据，这根本不是交流，更不能说服听众。

TEDx 大会组织者和演讲者杰瑞米·多诺万认为，**演讲的首要目的不是做品牌，而是"给予价值"**。杰瑞米做了一个调查，问所有演讲者：你为什么要做这个演讲？大多数情况下，回答是这样的：因为这是我树立自己品牌的最好机会。但是，这些回答的问题在于，他们都是以演讲者为中心，而没有以听众为中心。

演讲的另一个名字叫"说服"，它起源于 2 000 多年前亚里士多德的雄辩术：演讲意味着把听众从 A 点移动到 B 点，即初始到最终位置的变化。在 A 点，听众会以 3 种状态进入演讲：缺少信息、充满疑惑、有阻抗。而 B 点则是适量的信息、疑惑减少、阻抗减小。为了把听众从 A 点移动到 B 点，让听众做你想让他做的事，演讲者需要考虑听众的想法、需求和疑虑。**在准备演讲时，要像考虑自己需求一样考虑观众的需求，才能达到双赢，单纯的兜售是不可能达成双赢的**。很多演讲表明，听众并不能从演讲所传递的信息中获益。

在任何一场演讲中，先停下来问一下自己：我能给听众带来什么？如果对方不能从中有所收获，那么这一点就只是你自己的兴趣点。如果对对方有帮助，就一定要明确说出来，强调它的作用，即挑明这件事对听众有什么好处，可以让他获得哪些收益。如何在演讲中向听众强调这些收益？可以在演说过程中，随时停下来加上这句话"这对你很重要，因为……"如果正在讲述产品的特性，请停下来，加上这句话；如果正在筹资，正在阐述自己的商务模式，请停下来，加上这句话，将对听众的好处说出来。

描述经历，再现情境

演讲使 TED 从之前 1 000 人的俱乐部变成了一个每天 10 万人流量

的社区。TED 大会组织者和演讲者杰瑞米·多诺万非常重视演讲中故事的应用，对于如何将故事说得有说服力，他认为应该着重让观众重历故事。他表示：

> 演讲者在讲述故事时犯的最大错误，可能就是将情景设定得过于模糊。想要重现场景，并且让观众重历故事，情景设定必须要有具体的时间、地点和氛围。要么是出于天性，要么是因为听着用"从前……"开头的童话故事长大，听众需要将你的故事放在一定的历史背景中。这需要尽早交代，通常要在前几句话就设定好。布兰顿女士在第二句话就做到了，"3 年前……"好的故事也需要明确说明时间的推进。除了提到季节的更替，布兰顿还使用了其他时间线索，包括"后来……"和"不久之后……"尽管后面的线索比较模糊，但至少听众不会搞不清时间。布兰顿同样对场景设定进行了有力的感官描述，包括 1975 年雪佛兰旅行车的内部，流浪汉健康诊所和书店。情景设定可以涉及每一种感官：视觉、听觉、嗅觉、触觉，以及味觉。然而，取舍也非常重要。要避免同时用到所有感官，那会将你的陈述从精练变成华而不实。

所谓"描述"，是对原材料注入主观想象与情感色彩的叙述。借助它，表达者可以着力塑造栩栩如生的听觉形象，以增强演讲的生动性和直观性。

描述要言之有物，要中心突出，有血有肉，以引起听众的共鸣。描述时最好多用显像语言，即可以使人脑再现已感知过的具体物象的语言。如"当你早晨坐上第一列电车驰向工厂的时候，当你扛上犁耙走向田野的时候……"这短短几句话，诱发了人们的想象，刺激了人们的"内视觉"，有很强的艺术感染力。

描述要言之有序，要围绕中心，根据事物之间的逻辑联系，合理地安排讲述的顺序，哪些先说，哪些后说，层次要清楚，条理要分明。

为了赢得人们对联合国儿童救援行动的支持，列蓝·史托先生发表了这样一段演讲：

> 如果某一天，你在雅典被炸得千疮百孔的工人居住区里，听到了他们的声音，见到了他们的眼睛……可是，我的记忆中所留下的一切，只有半磅重的一罐花生。当我打开它时，一群群衣衫褴褛的孩子把我团团围住，朝我伸出他们的手。还有大批的母亲，怀抱婴儿在推挤争抢……她们都把婴儿伸向我，婴儿那只剩皮包骨的小手抽搐地张着。我尽力使每颗花生都能起作用。
>
> 在他们疯狂地拥挤之下，我几乎被撞倒。我举目一望，只见上百只手：祈求的手、抓握的手、绝望的手，全都是瘦小得可怜的手。他们这里分一颗盐花生，那里分一颗盐花生。有6颗花生从我手里掉了下来，那些瘦弱的身体在我脚下争抢着。数以百计的手伸向我，请求着；数以百计的眼睛闪烁着希望的光芒。我无助地站在那里，手中只剩下一个蓝色的空罐子。我希望这种情况永远都不会发生在诸位身上。

在这段演说词中，演讲者讲了一个自己亲身经历的事例，每一个细节都很清楚，感人至深，让听众听完之后对贫困儿童所面临的生存困境一清二楚，极大地激发了他们的同情心，使救援活动显得必不可少。

这种通过对一个事例的详细描述的表达方式，要比单纯地喊口号、讲道理有效得多。

演讲时，如果你所要表达的说明性文字、道理、观念、情感能够用举例子、讲故事的方式表述出来，你就可以给听众讲一个生动的故事，讲你亲身经历的故事，讲能够阐述、证明你观点的故事，而不要站在那里干巴巴地罗列口号。

花时间考虑听众想听什么

美国总统林肯说过："当我准备发言时，总会花三分之二的时间考虑听众想听什么，而只用三分之一的时间考虑我想说什么。"

为了成功地说服听众，演讲者应把听众摆在与演讲者本身目标同样重要的位置上予以关注，也就是说，要为听众着想。**要想做到为听众着想，意味着演讲者必须学会用听众的眼睛来看待自己的故事和演讲。**任何一种演讲，其成功的关键都在于听众对演讲的接受程度，因为他们才是这个场合的中心人物，而不是演讲者。

要让人们应你的要求采取行动，必须让他们有一个行动的理由，并且是"他们的"理由，而不是"你的"理由。只有当你了解你的听众时，你才能够进行有说服力的演讲：他们对什么感兴趣，他们关注什么，他们遇到的问题是哪些，他们有哪些偏好。这些都是你要做的前期工作。

某些演讲之所以失败，并不完全是演讲者缺乏足够的准备，而是听众对与己无关的演讲缺乏兴趣。这在某些形式主义的讲话场合中十分常见。听众往往考虑那些与他们切身利益密切相关的事情。例如，晋升职务、调整工资、分配工作等话题总是比计划生育、人口普查、道德教育等话题更引人关注。因此，演讲者应充分注意听众的兴趣和利益，不论何种类型的演讲，应从听众角度精心选择和设计时间的分配、疑难问题的解答、精神上的娱乐和放松等内容，以满足听众"自我中心"的需求。

比如，在一次会谈中，一位金融专业人士面对的是他试图提供服务的一家当地会计师事务所。他演讲的内容大部分是关于他对团队内部组织结构的调整，这种调整能够给客户带来更优质的服务。但他的客户是否对内部组织结构感兴趣呢？并非如此，他应该将焦点放在他们能为客户提供的服务上面。

比喻让听众"看见"你的想法

运用比喻就好像是给黑暗的舞台打聚光灯，让听众的注意力集中到你想让他们关注的地方。比喻会呈现出一幅语言图画，使你能够看见你的想法，让你的语言更形象具体。大脑处理图像的速度是单纯处理文字速度的 6 万多倍，因此，一幅图画相当于 6 万多个文字。想象一下，在听众的脑海里保存一幅图片，你会节省多少时间。还记得艾森豪威尔将军的军士受命打探军情后，被要求做简单评估时所说的话吗？"先生，想象一个面包圈，我们就是中间的那个洞。"即使你已经阅读了大量的文字，你仍然会记得那个比喻。

乔布斯非常喜欢运用比喻来说服听众。乔布斯在交谈和演示中经常运用比喻。在某次有名的采访中，乔布斯说："电脑是我们所能想到的最出色的工具，苹果电脑就相当于 21 世纪人类的自行车。"

根据亚里士多德的意见，隐喻是"迄今为止最有意义的手法"。隐喻也是一种比喻——用一个词或短语，以特征上存在某一类似之处的一个事物来指代另一事物。隐喻性的实现基于隐喻创造者的经验和接受者的经验的相互融合。隐喻是市场营销、广告和公关宣传活动中常用的一种很有说服力的工具。

专业营销人员喜欢运用跟体育相关的隐喻："我们都为同一个团队效力""这不是一场分组对抗赛，这是实战""我们的工作已经做得非常成功，让我们继续保持下去"……虽然用体育作比喻很有效果，但是在演讲中，尽量挑战自我，标新立异，超越观众对你的期望，会收到更好的效果。卡巴斯基反病毒软件的广告中有一个新颖而有趣的隐喻。该公司刊登了整页的广告，画面上是一位身着盔甲的中世纪士兵。他垂头丧气，背对着读者，标题则是"别这么伤心，你一度非常优秀"。这条广告将今天的互联网安全技术公司（即卡巴斯基公司的竞争对手）比喻为笨重老土的中世纪盔甲，当然无法和今天的军事技术媲美。卡巴斯基公司扩展其营销渠道，还将刊登着这一盔甲和标语的隐喻发布到网站上，这一隐喻始终贯穿于公司所有的营销资料中。

第二次世界大战进行到关键时刻，美、英、苏等国家组成同盟共同抗击纳粹德国的侵袭。当时，在欧洲反法西斯同盟中，英国居于最前线，消耗很大，需要补充大量的装备，但因为长时间的战争，黄金外汇已经消耗殆尽，根本没有足够的财力按照"现购自运"原则从美国手中买到必需的军事装备。

然而，美国议会中一大批议员从眼前的利益出发，认为英国要想获得军事装备就必须银货两讫，认为反正战场离自己很远，反法西斯盟友的安危和欧洲的危急局面也威胁不到自己的安全。

对此，英国的重要盟友——美国总统罗斯福却有不同的看法。他深知唇齿相依的道理：在反法西斯战争旷日持久的背景下，一旦英国沦陷，被德国所占领，就会助长希特勒的气焰，势必对美国的全球利益造成严重的威胁。所以，美国理所当然要全力支持英国。他认为自己有义务去全力说服这些人，为英国提供必要的支持。为此，罗斯福特意举行了一场招待会。

招待会开始后，罗斯福简单地向听众介绍了《租借法》，然后讲了一个生动的比喻："假如我的邻居家失火，在数百米处，我拥有一条浇花的水管。假如赶紧借给邻居拿去接上水龙头，就可以帮他灭火，同时也避免火势蔓延到我家。但是，在借出前要不要先跟他讨价还价呢？这管子应该有15元的押金，还要有5元的使用费。此时，我的邻居心急如焚，事情紧急，他到哪里去找钱？我看，还是不要他的钱为好，只要他灭火之后原物奉还。如果灭火后水管还好好的，他会连声道谢；如果他把水管搞坏了，他得照赔不误，我也不会吃亏的。"

记者们马上向罗斯福总统提出问题："总统阁下，请问您所指的水管是不是武器？"罗斯福坦然地说："当然是这样，我只不过是借这个例子来说明《租借法》的原则罢了。也就是说，如果你借出一批武器，在战后得到归还，而且没有损坏的话，你就没有吃亏；即使军火损坏，或者陈旧了，干脆丢弃，只要别人愿意理赔，我想，你依然没有吃亏，不是吗？"

这场演讲结束后，国会议员的反对派放弃了自己的主张，《租借法》在美国国会获得无条件的支持，英国也顺利得到了紧缺的军事装备。随后不久，第二次世界大战迎来转机，同盟国逐渐掌握了战场的主动权。

在这个案例中，罗斯福总统运用比喻的方法举一反三地说明了道理，既浅显易懂又生动形象，马上就说服了听众。不过，用来比喻的两种事物之间一定要有某种相似性，或神似或形似，这样听众才会很容易理解你所表达的意思。如果两者风马牛不相及，你的比喻就是多余的，说了还不如不说。

比如，在《圣经》中有这样一段话："你们的罪恶虽然是深红的，但也可以变成像雪一样。"一个牧师到非洲去传教，在向非洲居民翻译《圣经》的时候，译到这里就不知道怎么翻译了。如果按照常规的译法，这些句子对于当地人来说就是毫无意义的。因为这些一辈子都待在热带地区的人根本就不知道雪是什么颜色，很可能在他们眼里，没准雪和煤的颜色没有什么本质上的不同。不过后来他想到，这里的人们虽然没有见过雪，可是经常吃椰肉，而雪的颜色和椰肉的颜色是一样的。于是，他就将这句话翻译成了"你们的罪恶虽然是深红的，但也可以变成像椰子肉一样白"。

显而易见，对于热带地区人来说，"像雪一样"与"像椰子肉一样"相比，后者更容易理解也更容易被人接受。这样的比喻就为演讲增加了无穷的魅力。

我们在演讲中运用比喻，最终目的就是为了更形象、更清楚明白地使听众了解你所要表达的内容。所以，你所用来比喻的事物一定要通俗易懂，贴近听众的生活。否则，你的比喻对于听众来说就是失败的，除了浪费时间和口水、增加听众的困惑之外，不会有什么用处。

希尔维亚向她的老板抱怨，自己的工作跟那位新来的经理的工作有太多重叠处。老板则说，往这个区域投入更多的资源，可以获得更大的市场份额。希尔维亚跟老板的争执陷入了僵局。

最后，希尔维亚用比喻的方法说明了自己的处境："想象一下，我们正参加赛车比赛，很可能赢得这场比赛，因为我们的位置领先。但在紧要关头，我们换了一辆有两个方向盘的赛车，车上还配了两个车手。"

她的老板正好是个纳斯卡赛车迷，看到邮件后大笑了一番。第二天，希尔维亚就收到了电子邮件，信中说："这个地区你说了算。"

有时，一个精彩贴切的比喻能够让复杂的道理变得浅显易懂，这就是为什么大家经常会觉得有些话听起来平淡朴素，但是其中蕴含的道理却耐人寻味，并且越琢磨越觉得寓意深刻的原因。

共同点化解听众铁桶防御

一旦拉近了心理距离，双方就很容易推心置腹。有些想劝告别人的演讲者常常不去考虑别人的意见和欲望，不去寻找共同点，只顾发表自己的见解。

例如，一次演说主题是关于人们所激烈争议的禁酒问题，几乎每位演说者都是莽撞地一开始就指出别人见解的错误，坚定地声明他的立场，说明他的主张，以此希望别人抛弃原来的见解，而赞成他的主张。结果呢？没有任何一个人被他说服，因为他那鲁莽激烈的开场白，一下子就引起了听众的反感，使他们更加坚持自己原来的见解。

在演说一开始就惹恼听众，只会招来听众"不"的反应。而这样就很难再使别人听从他的想法。正如奥渥斯教授在纽约社会研究新校的那场演讲上所说：

> 一个"不"字的反应是最难克服的障碍。当一个人说出"不"时，他的自尊心逼使他坚持到底。他也许后来自觉"不"实在错了，但他的自尊心却不允许他有所改变。既已说出，就得坚持到底。因此在开头使一个人往你希望的方向走，是极为重要的。一位精明的演说家应在开头就获得人们许多"是"的反应，以使听众心理按演说者的见解方向移动。在心理学上这是很明显的。当一个人说"不"，那他的全身组织分泌腺、神经与肌肉全都绷在一起，成为拒绝状态，整个脑细胞组织都准备好了做出拒绝的动作。反之，一个人在说"是"的时候，则毫无防备，身体的组织都呈现开放的状态。因此我们必须在做开场白时，就得让听众说"是"，这样便容易让他们注意我们的最后建议。

要在开头就让听众产生"是"的反应，就得首先找出一个你和对方都赞成的共同立场。林肯就擅长这么做。一位持中立立场的《镜报》记者说："在半分钟之内，林肯所讲的每一字每一句，对方几乎无不同意。然后从那一点起，他慢慢地引导他们，直到完全将他们掌握在自己手中。"

林肯在总结自己的说服技巧时说过一句话："我在开始议论时，就会将彼此意见的共同点寻找出来。"寻找共同点，可以化解对方的铁桶防御。在交涉并要解决好几个问题时，必须从容易解决和对方易于接受的问题着手。

在演讲中，若一开头就摆出"唯我正确"的架势，针对听众的不同看法，进行批判式的训话，效果总是不好的。为什么？著名的心理学家鲁宾逊教授有一段话回答得很好。他说，在日常生活中，原本自己的一些观点、意见改变，再接受新的观点、意见的这个过程，是不知不觉的，是心中没有感到任何压力或会伤感情的。但现在突然有人指出，你的看法是错误的，于是在心理上就会对这种责备起反感，就不会轻易变更自己的想法。相反，会不由自主地去捍卫它。这不是由于意见值得我们捍卫，而是由于我们的尊严受到伤害。"我的"这两个字，在人的信仰里是最重要的。不论是"我的"狗、"我的"家、"我的"信仰、"我的"国家，以及"我的"上帝，都是一样的。我们不但不愿别人指责我们的表坏了，或我们的书本破旧了，或举例说我们所拥有的任何事都不好，我们都反感。我们乐意继续相信自己相信的，所以若遇到有人怀疑时，一定会寻找许多借口去捍卫它。结果大多数我们的所谓"推理"，都是在找明证，去继续相信我们已经相信的。

所以，说服人最有效的方法是在刚开始时便着重讲一些你和所有的听众都同意的事，然后再提出听众所乐于获得解答的一些问题，再和听众一起去讨论出答案。你要做的就是把你所观察的事实提出来，听众

便会不自觉地受引导，而接受你的结论。他们会坚信你，因为他们觉得
是自己发现的。

"通情" 之后才能 "达理"

意大利著名哲学家、语言学家克罗齐说：语言是心灵和它的契约。
人是有情感的，很多时候人并不是为理智所驱使，而是为情感、心理所
左右。陆游有一句名诗："汝果欲学诗，功夫在诗外。"提高口语表达
能力，关键是让自己成为有思想、有情感、有情趣的人。谈话之道讲究
措辞文雅、态度自然，同时使用的言辞还要富于感情，处处显示出善
意，满足他人的心理需要，引起他人的兴趣。这样，才能够引起别人的
共鸣，得到他人的积极响应。

况且，在这个快节奏的社会，听众已经不再买那些冗长而无聊的
理论性演讲的账。他们很忙，希望演讲者用直接的方式讲话，希望听到
生动有趣的演讲，希望能够在轻松的氛围中了解演讲者的意图。他们不
想听你解释超速驾车的危害，不想知道你对某个问题的看法是什么。他
们想知道的是，当你面对那个问题的时候，你的感受是什么，你说了什
么，对方说了什么，情形是怎样演变的。

比如，如果你对他们说"孩子们是我们的未来，也是整个社会的
未来，让每一个孩子都健康成长是我们应尽的义务。如果我们在座的每
个人都能够捐出 10 元钱，将会有 1 000 个贫困山区的孩子顺利度过这
个寒冬"，他们也许会坐在那里安静地听，但不会产生深刻的感触。相

反，如果你对他们说："我们都是一个或两个孩子的爸爸妈妈，孩子的健康成长是我们最大的喜悦和期待。我的孩子今年3岁，他刚出生的时候……我想，天下父母的心都是一样的，大家也都希望给孩子最好的。然而，在……地区，这样的幸福却是一种奢望。上个月，我到那个地区去采访，接触到那里的孩子。那天，孩子们在上课……"你要相信，你将当时的情况描述得越清楚，听众就越有兴趣听下去，进而因为心理上的触动而产生情感共鸣。

中国有一个成语叫作"通情达理"，通情才能达理。不知你是否注意过，如果有人在陈述某种意见时，用诚挚而令人感动的语气对你说出来，你的心很容易被征服而不容易产生相反的意见。所以，**要说服人的时候，激起对方的情感共鸣比激起对方的理性思考更为有效**。比如，小孩做错事，往往对任何斥责都听不入耳，但有时听到母亲难过的语调，反而会使其感到惭愧万分。所以，说话时如果仅仅着眼于主题突出，例证充足，却抱着冷冰冰的态度，一定是无法感染人的。要想感动别人，得先感动自己。你要把一片真心通过自己的表情、声音输入听者的心底，让听者产生共鸣。

"人非草木，孰能无情。"人与人之间的语言交流，其实就是感情上的交流。如果能够用语言触碰到对方内心最敏感、最柔弱的地方，相信即使再固执的人，也会被你的真情所感动。

英国有一个叫埃利的童星。在她12岁的时候，不幸由于骨癌要截肢。在手术前，亲朋好友和喜欢她的观众都前来探望她。大家七嘴八舌地说着安慰的话。有的说："你是个坚强的孩子，一定要挺住，我们都在为你祈祷！"有的说："不要难过，奇迹会出现的，你还有机会站起来呢！"埃利一言不发，只是微笑着向人们道谢。

小埃利很喜欢戴安娜王妃，希望在手术前能见到她。经过别人的传达，戴安娜王妃终于抽出时间来看她。她把小埃利搂进怀里，柔声说："好孩子，我知道你一定很难过，痛痛快快地哭吧，哭够了再说。"埃利听了这句话一下子泪如泉涌。自从自己得了病，听过无数安慰人的话，可只有戴安娜王妃的话让埃利真切地感受到了温暖。

戴安娜王妃并没有像其他人那样，只是单纯地祝福和鼓励，而是深切地感受到了埃利内心的哀痛，一句"我知道你一定很难过"，就引起了埃利情感上的共鸣。"痛痛快快地哭吧，哭够了再说"，给了埃利宣泄情绪的空间。这样充满真情的话语，总是会打动别人的内心。

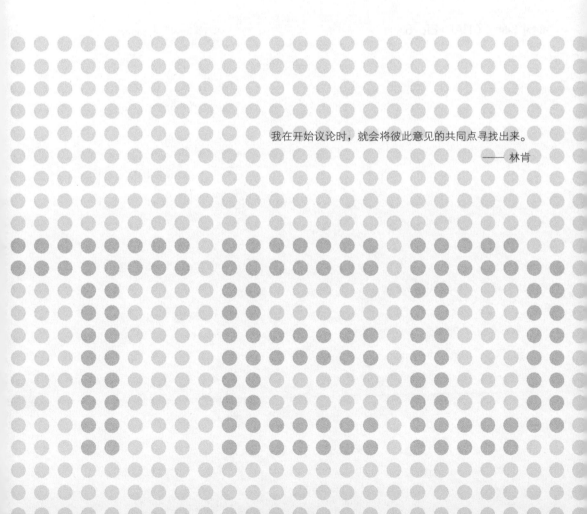

第 **6** 章

面对意外
怎么办?

TEDSHI TUOGAO YANJIANG

我在开始议论时，就会将彼此意见的共同点寻找出来。

—— 林肯

·ıı|ıı| |ıı|ıı· CHAPTER 6

演讲不是拍电影，它无法叫停，不能"从头再来"。所以，演讲者在演讲前就要有救场的准备，防患于未然。在演讲过程中，一旦真有意外情况发生，就要求演讲者能从容面对，巧妙"救场"。可以说，演讲者的机智风趣不但可以巧妙"救场"，更可以激活听众的思想和情绪，活跃会场气氛，形成演讲者与现场观众的互动和交流，引起听众的共鸣。

那么，在演讲中，该如何巧妙应对来"救场"呢？我们可以从以下几方面着手。

摆脱"卡壳"的尴尬

演讲"卡壳"是常有的事。有的演讲者一上场，面对台下黑压压的听众就紧张，紧张就容易卡壳，卡壳就着急，越着急，卡壳现象越严重。很多演讲者因为卡壳而措手不及，最后只好尴尬地退下场。有的因卡壳引起尴尬，发誓以后不再登台演讲。卡壳已成为制约演讲者获得成功的拦路虎。

事实上，在演讲中出现"卡壳"，甚至讲不下去的情况，并非什么稀奇事，许多人刚开始演讲时都会碰到这种情况。究其原因，有人说是由于得了"害羞病"，据说美国有一个地方还专门设立一个"中心"专门治疗此种"病"。

当然，造成这种情况的原因主要还是缺乏自信心。此外准备不够充足，对观众、环境不够熟悉，不太适应，也会使你感到十分紧张，不知不觉地就背上了害怕失败的包袱。那么，如何摆脱"卡壳"的尴尬呢？

随后找回思路。如果在演讲的过程中，脑子对此刻讲的内容突然一片空白，可以直接跳到后面的问题继续讲。如果在讲其他问题的过程中，逐渐回忆起了之前忘记的内容，只需要再补充一下就可以了。可以用"另外，还要补充的一点是……"这样的句式来进行补充。

说一句"你懂的"。在演讲中，有时会碰到一些专业的词汇，演讲者一时语塞，突然就想不起了这个术语是什么。这时，演讲者可以停下来，幽默地说上一句"你懂的"，这样既化解了尴尬，还可能增加自己的幽默感。而且，这样表述也不太会影响听众对演讲者观点的理解。

重复前一个问题。如果演讲有着较为紧密的逻辑关系，一环扣一环，不能直接省略忘记的内容，演讲者可以试着重复一下前一个问题。比如"我简单地总结一下刚刚讲的内容"，或者"我要着重强调一下刚才讲的内容"，然后用不同的表述方式将前一个内容再说一遍，并试着边说边回忆忘记的内容。

利用互动争取时间。利用与听众的互动来争取时间，是一个很好的办法。你可以说"大家现在有什么问题吗""你对此有什么想法呢""这里很重要，大家可以做一下笔记"。向听众提问，或与观众进行交流都是十分好的争取时间的办法。而且可能在讨论或交流的过程中，某些听众的观点正好提示了你。

省略部分想法。参与者怎么会知道你漏了一点呢？他们又不会看到你的底稿。所以，干脆放弃这一段，没有关系。有舍才有得啊。有时舍不下，越是拼命地想把忘记的内容想起来，越是想不起来。人的大脑"短路"时，智商真的会显得很低。没有关系，干脆放弃这一段，潇洒向下走。

回头再说。"我们一会儿再回到这个话题"，你可以再补充一下："如果时间允许的话。"这样你就可以掩盖你的疏漏。如果你之后实在想不起来，没准参与者也忘了呢。而且到最后，你肯定也不会有太多的时间。

用套话侃侃而谈。很多演讲者都精通此道。他们会夸夸其谈并无实质的内容。只有当你遇到紧急情况的时候，才可以将它作为最后的救命稻草。谁也不会注意的。当你讲不下去的时候，可以用一些空话、套话来填补空白——不断释放词汇，直到你找回思路为止。不管怎样，这都比冷场要强。

先总结一下。这是相当高明的技巧，"让我们先回顾一下我们所讲的内容，到目前为止，我们了解了……"在总结当中，往往会把忘记的内容想起来。

做些琐碎的事情放松一下情绪。比如擦擦鼻子，喝点水什么的。显然，很多政治家很会玩这种技巧。你也可以偶尔为之。这样可以让自己轻松下来。

干脆看一下提纲。这是比较保险的方法，也不会产生太大的异议。所以，建议你每次演讲前，把大致的提纲先写好，带在身上，或是放在讲台上。偶尔中断了，不妨从容地去看一下提纲，有备无患。

美国新闻评论家卡腾堡在哈佛大学上学的时候，参加过学校组织的一次演讲比赛。他认真地为这次演讲做了准备，特意精选了一篇不错的短篇故事，演讲的题目是《先生们，国王》。最后，他还逐字逐句地将演讲稿完整地背了下来，反反复复地预讲了许多次。本以为已经万无一失，但没想到比赛那天还是出了问题。他走上讲台，刚刚说出"先生们，国王"就卡壳了，完全想不出来下面该说什么。他站在那里，冷汗一下子渗了出来。他差点傻掉。左思右想都毫无头绪的情况下，他只好按照自己的记忆用自己的话将那个故事讲了一遍。慢慢地，他走出了那种手脚发凉的状态，说到动情处还手舞足蹈起来。事后，听众的反应告诉他，这次演讲不但没有因为忘词而一塌糊涂，还取得了空前的成功。从这件事中，他得出经验：忘词不要紧，只要能够灵活应变，自然地将演讲继续下去就行。

出现口误怎么办？

有些坦白的演讲者，在演讲过程中发现自己犯了一些错误，或者落下了一些事情没有讲，便会跟听众道歉。其实这是完全没有必要的，听众们可能并没有注意到这个问题。突如其来的道歉，只会让听众觉得有些尴尬，不知如何是好。而且听众可能并不知道你到底是为了什么道歉。这不仅会破坏演讲的节奏，还可能让听众陷入困惑，所以这种类型的"坦白"还是不要为妙。

如果你说错了话又突然想起来，但问题又不是什么重要问题，你可以忽略过去。如果说错的内容很重要，你可以大大方方地问听众："其实，刚才有个问题我说错了，你们谁听出来了？"这样既可以获得听众的配合，也自自然然地纠正了自己的口误。

将错就错

演讲中总是有这样那样的意外，而正规的演讲通常要脱稿，出现这样那样的口误是难免的，即使是念稿子也会因为紧张或态度轻率而出现问题，你本来想说的事情脱口而出后很可能就是另外一个样子了。甚至有的时候，你正在演讲，突然有人从外面走进会场，或者当场有人突然发出了异样的声音，你也会因为被干扰而出现口误。所以，这几乎是演讲中最常见的现象。

在演讲过程中，当意识到自己讲错了话时，干脆重复肯定，将错就错，然后巧妙地改变错话的含意，将明显的错误变成正确的说法，也能挽救口误带来的不利局面。如果补救得当，口误反而会成为难得的显现口才的好机会。

比如，在一次关于反对腐朽封建思想的演讲中，演讲者想举例说明封建"三纲五常"的不合理性，但却发生了口误，说道："我国古代讲究'三纲五常'，那么什么是三纲呢？'臣为君纲，子为父纲，妻为夫纲。'"他的话恰好颠倒了三者关系，很多听众露出了怀疑的表情。幸好演讲者也发现了自己的错误，但他不慌不忙，将错就错，大声说道："解放这么多年了，封建的旧'三纲'早已不存在，我说的是新

'三纲'。"这句话一下子引起了听众的兴趣，演讲者趁势解释道："什么叫'新三纲'呢？现在我国是人民当家做主，上级要为下级服务，领导者是人民的公仆，岂不是臣为君纲？当前独生子女是父母的小皇帝，家里大小事都依着他，岂不是子为父纲？在许多家庭中，妻子的权力远超过了丈夫，'妻管严'比比皆是，岂不是妻为夫纲吗？"这番精彩的言论让场上掌声四起。

这名演讲者就是用"将错就错"的办法，暗中更换了题旨，然后借题发挥一番，巧妙地解除了尴尬。

> 一位演讲者在做一场关于"家庭问题"的演讲时，提到自己和妻子之间的一次纠纷。他绘声绘色地描述当时的场景，其中有一段是：他愤怒地对妻子大发脾气："你给我滚出去"，结果忘情之下脱口说出："我给你滚出去"。听众本来觉得这场演讲挺沉闷的，听到这里忍不住哄堂大笑，他这才反应过来，发现自己说错了话。不过看到听众的反应，他没有惊慌，反而镇静地继续演讲："我妻子一听就愣住了，反应过来后爆笑出来，笑得腰都直不起来。笑完后，我可爱的妻子哭着说：'亲爱的，我们不要吵了吧。'所以，你看，出现家庭问题未必就是什么大灾难。"演讲气氛也一下活跃起来。

只要反应敏捷，应变及时，就可以收到不露痕迹的纠错效果。例如，一位公司经理在开业庆典上发表即兴演讲，他这样强调纪律的重要性：公司是统一的整体，它有严格的规章制度，这是铁的纪律，每一个员工都必须自觉遵守。上班迟到、早退、闲聊、乱逛、办事推诿、拖沓、消极、懈怠，都是违反纪律的行为。我们允许这些现象的存在——就等于允许有人拆公司的台，我们能够这样做吗？

这位经理的反应力和应变力是很强的。当他意识到自己把本来想说的"我们绝不允许这些现象的存在"一句话中"绝不"二字漏掉之后，佯作不知，马上循着语言表达的逻辑思路，续补了一句揭示其后果的话，同时用一个反问句结束，增强了演讲的启发性和警示力。这样的续接补救，真可谓顺理成章，天衣无缝。

对于实在无法弥补的口误，不如勇敢面对，为自己的错误言论向他人致以诚挚的歉意。这样做固然有失尊严，但却可以从侧面反映出你的坦率和诚恳，从而赢得听众的好感，削弱口误带来的不利影响。

面对现场听众蓄意干扰

不是每一个听众都会配合你，认真听你的演讲的。在演讲的时候，听众们经常做出一些蓄意干扰的行为，如交头接耳、大声喧哗、结伙提前离场、打瞌睡、心不在焉等。面对这种情况，缺乏经验的演讲者很容易不知所措。

在处理这类问题的时候，你可以强调信息的重要性。如一位演讲者正说得起劲的时候，发现台下有听众开始变得心不在焉、抱着胳膊四处看。他就笑着说："下面这个问题非常重要，但因为时间问题，我只能说一遍，大家一定要记下来，如果没有带笔的话可以向同伴借一下。"不过使用这种方法的时候，你一定要保证你所说的信息对听众非常有用，确实很重要，否则还是不要这样做的好。如果听众蓄意闹场，你可以表现出强烈的气场，用自己的气场去压倒对方。

用气势压倒

一位演讲者在演讲的时候，刚说到一半，下面就有人大声叫起来："好了，别说了，净是乱说。"一般人看到这种场景早就脑门冒冷汗了，但他没有。他从讲台后面走出来，站在听众面前严肃地看着那名听众，一句话也不说，足足有一分钟之久。慢慢地，全场的人都开始看这名捣乱者。最后，那名听众尴尬地低下头不再说话。然后，演讲者顺手拿起手中的教具笑着解释说："抱歉，本来打算说一件很重要的事情，只是刚才发生了一点小意外，让大家迟了一点才能听到这件事。不过没关系，现在我会说说这件事。"后来，一直到演讲结束，再也没有出现这种情况。

你要记住，在传播者和接受者中，你是拿话筒的比较强势的一方，而听众却不是，你可以理直气壮地说服他，阻止他，而听众却要听你说、被你打断。这是一场力量不对等的较量，你只要将你的强势表现出来，你就可以赢得主动权。事情就是这么简单。

定下君子协定

在演讲之前，你要和听众们定下君子协定，告诉他们你谈论的话题的范围，让他们知道哪些事情你乐意当场和他们探讨，哪些要私下联系。如果你的演讲中没有问答环节，你可以明确告知，如果有异议，可以等演讲结束后和你探讨，并且你很高兴这样做。

此外，在演讲中，听众向演讲者提出问题，请求解答，有的提问是真心请教，但有的提问是试探演讲者的水平，还有的提问是故意出难题，使演讲者难堪。面对各种情况，一要事先有所准备，对听众可能提出的问题做到心中有数；二要摸清提问者的意图和目的，答问才能有的放矢；三要干净利落，言简意赅，以含蓄深刻、精短有力的问答，体现演讲者非凡的智慧和应变能力。事实上，多数情况下，你都可以对听众的反对意见置之不理。而对于那些借提问之机对你进行攻击的人，应当予以坚决的回击。

幽默以对

有一次，伟大的生物学家达尔文受邀在很多听众面前针对《进化论》做一场报告。他刚刚做完报告，一位漂亮年轻的女子就提出了自己的疑问："按照你的进化论，人类是由猴子变来的。如果把这理论用到你自己身上还是很不错的，但是难道我也在你的论断之列吗？"

达尔文看了一眼这位听众，彬彬有礼地说："那当然了，只是您不是由普通的猴子进化来的，而是由一只长得相当漂亮的猴子变来的。"

奥巴马在以色列演讲中，提及美国始终是以色列的亲密盟友时，突然有一名男学生在观众席上大声抗议，但这名学生随即遭现场其他学生嘘声围剿，要他闭嘴。接着安全人员迅速将他架离会场。

此时，站在台上的奥巴马维持一贯冷静的语调说："这就是我们刚刚谈到所谓现场讨论的一部分，非常好。"说完，观众席上许多学生都起立热烈鼓掌。

奥巴马说："我必须说，事实上，这是我们安排的，这样才让我感觉像在家（美国）一样。"奥巴马幽默笑说："如果没有哪怕一名闹场者，我会感觉怪怪的。"

听众之所以有反对意见，并不是因为他们真的反对你，而是因为他们不喜欢你。这时，如果你认真解释自己的观点，甚至喋喋不休，反而落入了他们的圈套。在这样的情况下，他们通常是在你还没有切入正题、你的观点还没有提出来的情况下围攻你。对此，你不需要去处理他们的反对意见，只要像达尔文那样幽默以对，大胆地说一个和演讲主题有关联而且很好笑的笑话来舒缓一下气氛，然后笑着跟捣乱的人说："这真是很有意思，是吗？谢谢。"这样表面上是回答了问题，但实际上并没有实实在在的答案，却也让听众不好再纠缠下去。然后，你就可以继续你的演讲。因为在言行中，你已经表现出了对对方足够的尊重和大度，这正是征服他人的基础。如果他们已经表现出了很大的恶意，严重干扰了演讲秩序，你可以礼貌地请他离开。

将计就计，巧妙回击

在某些场合演讲，演讲者可能会碰到某些人的故意刁难。对于这种刁难，反击时更需要演讲者的机敏睿智，既不可长篇大论地反击，也不可一本正经地斥责，一定要讲究方法技巧，巧妙回击。对于一些不便正面回答的问题，可运用言语技巧，巧用修辞来回答。比如双关、归谬、暗喻等，避实就虚、含蓄委婉，既有力地回击了对方，又不致激化矛盾，使演讲无法进行下去。而对于一些必须针锋相对的问题，就需将计就计，进行更有力的回击。

一位极具个性的演说家在一次演讲后的答听众问时，就曾遭遇过这样恶意的刁难，但他却用机智而犀利的言语将计就计，巧妙反击。面对听众的不断提问，这位演说家是有问必答而且妙语连珠。但就在场上气氛很热烈时，却意外地收到一张纸条，上面只写着大大的 3 个字"王八蛋"。对于这张纸条，如果不理，大家肯定会很好奇；如果大加斥责，就会有失风度。但见他将计就计，索性把这张纸条高高举起面对着观众，不急不怒地笑着说道："别人都问了问题，没有签名，而这位听众只签了名，忘了问问题。"此言一出，演讲现场掌声雷动。他巧妙地让辱人者自辱，这种机智犀利和幽默又怎会不让听众深深地折服呢！

这位演讲家面对这样人格上的侮辱无法不去反击，但如果不能控制好自己的情绪，采用得体的反击方法，势必使自己陷入尴尬的境地。而他将计就计，运用言语把骂人的话又巧妙地"踢"给了对方，真是幽默又机智。

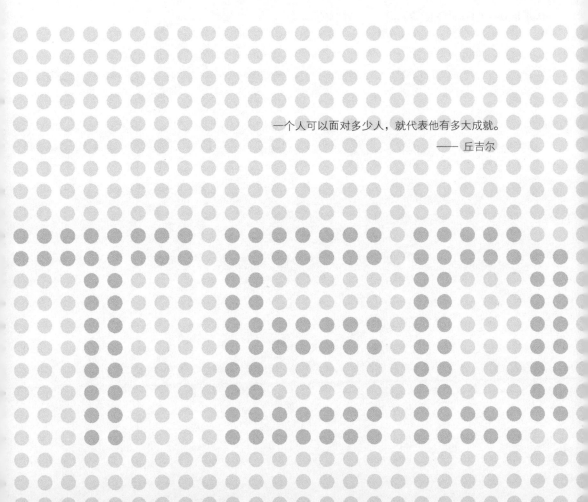

第 **7** 章

面对听众的
游离

TEDSHI TUOGAO YANJIANG

一个人可以面对多少人，就代表他有多大成就。

—— 丘吉尔

TED SHI TUOGAO
TED 式脱稿演讲 YANJIANG

英国银行劳埃德 TSB 集团进行了一项研究，结果发现了一个有趣的现象：成年人的平均注意力持续时间从 10 年前的 12 分钟已经缩短到现在的 5 分钟。因为听众平均注意力持续时间只有 5 分钟，所以在 30 分钟的演讲期间，听众有 84% 的时间是在走神，除非你能找到保持听众注意力的方法。

借"景"发挥

演讲因场地原因，有时很容易受到外界的干扰，尤其是一些重大主题的演讲，内容可能会比较空泛，本来就很难吸引人，再有外界的干扰，演讲就很难顺利地进行下去。这时演讲者如能将眼前意外发生之"景"与演讲巧妙结合起来，可能就会让听众产生这边"风景"独好之感，既化解了外界的干扰，把听众的注意力重新吸引回来，又使演讲别有情趣。

某大学在一次"中国在腾飞"的主题演讲时，把演讲地点定在了大礼堂里。当演讲进行了一半时，会场秩序就有些混乱了。

某生刚登台演讲不久，离会场不远的篮球场突然传来了阵阵的加油声，大家的注意力一下就被吸引了过去。有些同学伸长了脖子，竖起了耳朵，甚至有些同学干脆离开了会场去看篮球赛。

这位演讲的同学一看马上就要失控的会场，灵机一动，临时改变了后面演讲的内容。他大声地问道："有哪位同学知道在悉尼奥运会上，我们中国最后夺得了多少块奥运会金牌？"

这意想不到的提问，一下子就把大多数同学的注意力吸引了。很多人大声回答着，有的甚至举起了手。"很对"，看到会场秩序有了好转，他又用不大的声音讲道，"我曾经听过一个笑话，讲的就是慈禧太后派团参加奥运会时的事。"这时同学的目光都集中到了他的身上。

他环视了一下会场，然后不紧不慢地说道："慈禧太后时也派过篮球队参加奥运比赛，只不过那时组队的队员都是临时从天桥找来的变魔术的。他们穿着长袍马褂，把球变来变去，所以，会场上的观众就只见他们投球却不见他们传球……"

他话音未落，大家就哄堂大笑起来……

等到会场重新安静下来，他才动情地说道："那时的中国落后啊！要不那时的中国人怎么会被称为东亚病夫呢！这真是中国人的耻辱啊！"

话音刚落，同学们就报以热烈的掌声。

"适度"提问

　　你有没有过这样的经历——在大学上课，不知道导师什么时候会突然点到你的名字，希望你能给出一些聪明的评论？这种历史悠久的技巧可以让听众时刻保持紧张，因为没有人希望在毫无防备的情况下被抓突然提问，这种技巧同样适用于演讲。

　　请听众举手回答问题可以引起听众的兴趣和注意力。举例来说，在谈论《如何避免疲劳》时，卡耐基就用了这个问题来开头："请大家举手，让我们来瞧瞧，各位当中有多少人认为自己该疲倦前就已早早地疲倦了？"

　　记住这点：请听众举手时，要先给听众一点提示，告诉他们你要请他们这么做。不要劈头就说"这里有多少人认为所得税应该降低？让我们举手瞧瞧"。应该这样说："我想请各位举手回答一个对各位而言十分重要的问题。这个问题是：在座的有多少人认为降低所得税有好处？"这样可以让听众做好回答的准备。

　　请听众举手回答问题的技巧，可获得非常积极宝贵的反应，也就是所谓的"听众参与"。当你使用它时，你的演讲已经不再是单方面的事情，听众的积极性也被调动起来，投身参与了。

　　在许多演讲中，问句出现的频率特别高，在演讲的标题、开场白、结束语以及演讲正文中随处可见，有时是有疑而问，有时是无疑而问。不过，你可千万别小看这些形式各异的问句。知道吗？它能提醒听众注意，激发听众深思，增加语言的感情力量，从而更好地阐明演讲者的观点，表达他的情感。

　　如在题为《我们应该给孩子们什么》的演讲中，演讲者先是列举了发生在孩子们身上的悲剧，接着指出面对这悲惨的一幕幕，父母们只会发出无可奈何的叹息："我们给了他们那么多，没想到……"在这之后，演讲者不由得提出这样一问："难道这一切的过错全都在孩子身上吗？难道我们这些为人父母者就真的给了孩子们所需要的一切了吗？"这一问，有震撼心灵之力，足以引起为人父母者的深刻反思。

演讲者尽管是就某人、某事提出问题，发出疑问，但是如果问题设置得好的话，能激起听众从更广阔的层面上去思考问题，寻找答案，获得具有普遍意义的演讲主题。如《战刀传到我手中》演讲，讲一位在空喀拉的老学友因到离哨所10公里的小河背水而牺牲的事后，演讲人发问：

> 亲爱的朋友们，你可曾知道在空喀拉哨所，像我的学友那样，因为去小河背水长眠在雪山之上的中国军人就有27名。如果不选择从军，他们也可以成为勤劳致富的开拓者；他们也可以成为商海搏击的弄潮儿；他们也可以在花前月下享受生活的芬芳。可是，他们就因为一桶水悄然无声地离开了人世，难道他们的价值就是一桶水吗？

这一问，不是让我们简单地回答是与不是，而是一石激起千层浪，使我们在思考中找到答案。

很多时候，提出问题就是为了引起关注。根据听众的特点和演讲的内容，提出一些激发听众思考的问题，以引起听众的注意。例如弗雷德里克·道格拉斯1854年7月4日在美国纽约州罗彻斯特市举行的国庆大会上发表的《谴责奴隶制的演说》，一开讲就能引发听众的积极思考，把人们带到一个愤怒而深沉的情境中去：

> 公民们，请恕我问一问，今天为什么邀我在这儿发言？我，

或者我所代表的奴隶们，同你们的国庆节有什么相干？《独立宣言》中阐明的政治自由和生来平等的原则难道也普降到我们的头上？因而要我来向国家的祭坛奉献上我们卑微的贡品，承认我们得到并为你们的独立带给我们的恩典而表达虔诚的谢意么？

提问开头的好处有些什么呢？

第一个好处是可以调动情绪。只要你一提问，而且要大家来回答，听众就开始把心给提起来了。平时都爱互动的人、知道答案的人，会兴奋起来，想表现一下自己；那些怕回答问题的人，生怕点到自己回答，也会紧张起来。而你呢？如果比较熟练地运用这个技巧，就能享受这种听众被调动、掌控的快乐。

第二个好处是，可以获得灵感，帮助自己整理思路。你如果还没有对自己的思路找到感觉，那么在互动问答中，在听众的答案中，你会获得具有启发意义的、甚至意想不到却非常有价值的答案。这些答案完全可以为你所用，你可以夸一句"啊！英雄所见略同"，然后在此基础上加以发挥。

第三个好处是，你可以由此了解听众更多的信息以及听众对某些问题的倾向性。这对于增强你讲话的针对性有好处，容易把话说到听众的心里去，也避免不知道听众的倾向性，而讲出过多令听众反感的话来。

提问必须做到"一要二不要"。"一要"指你必须想方设法鼓动听众参加和回答问题，如果听众不配合你，会出现尴尬、冷场，因此你要声音大些，多些热忱，眼神明亮，不断地跟听众交流。"二不要"指不要提太难的问题，不要提涉及隐私的问题。专业性太强的问题太难，一般人回答不上来，也就无法配合你的互动；隐私的问题，难以启齿，而且也是对听众的冒犯。提太难和涉及隐私的问题，最终会让你尴尬。

沉默也是一种武器

"沉默是金"，很朴素的一句话，却蕴含着极耐人寻味的真理。

战国时，楚庄王继位 3 年，没有发布一条法令。左司马问他："一只大鸟落在山丘上，3 年来不飞不叫，沉默无声，为何？"楚庄王答曰："3 年不展翅，是要使翅膀长大；沉默无声，是要观察、思考与准备。虽不飞，飞必冲天；虽不鸣，鸣必惊人！"果然，第二年，楚庄王听政，发布了 9 条法令，废除了 10 项措施，处死了 5 个贪官，选拔了 6 个人才。于是国家昌盛，天下归服。楚庄王不做没有把握的事，不过早暴露自己的意图，所以能成就大功绩。这正是"大器晚成，大音希声，不鸣则已，一鸣惊人"！

恰到好处的沉默是一种艺术，所谓"此时无声胜有声"。英国政治家赖白斯在一次演讲中突然停顿，取出了表，站在讲台上一声不响地看着观众，时间长达 72 秒之久。正当听众迷惑不解之时，他说："诸位刚才所感觉到的、局促不安的 72 秒长的时间，就是普通工人垒一块砖所用的时间。"

华盛顿成为总统后，有一天，一群为数近 300 人的暴民携带棍棒、枪械，来到费城的总统官邸，抗议英法战争中美国保持中立，离弃法国这个独立战争中仗义相助自己的朋友。

好一个华盛顿，只见他默不作声地走到窗前，以冷峻的目光射向那群头脑发热的群众，双手交叉胸前，显出一副凛然不可侵犯的神情。

人群越走越近，直到与华盛顿只有一窗之隔时，都敢不过他的震慑力，还没有等华盛顿开始演讲就知难而退，一哄而散。

面对暴民，华盛顿一言不发，用冷峻的目光让那些头脑发热的群众冷静下来，用凛然不可侵犯的神情抑制群众骚动的情绪。一个冷峻的眼神，一个双手交叉胸前的身体语言，如此沉默，增加了震慑力，把一场危机化解于无形。

其实，在演讲中，我们不只需要滔滔不绝的说话，有时候，还需要适时的沉默。恰到好处的沉默能取得"此时无声胜有声"的效果。

上述案例中，赖白斯以默语（即话语中短暂的间隙，又称停顿）的方式来表现演讲内容，实属高超，这是吸引听众注意力的一种方法。

在一定的语言环境中，默语的语义是明确的。林肯在辩论中善于使用默语，甚至运用默语反败为胜。林肯和道格拉斯著名的辩论接近尾声之际，所有的迹象都指出林肯将失败。

在林肯最后的一次演说中，他突然停顿下来，默默站了一分钟，望着他面前那些半是朋友半是旁观者的群众的面孔。然后，以他那独特的单调声音说道："朋友们，不管是道格拉斯法官或我自己被选入美国参议院，那是无关紧要的，一点关系也没有；但是，我们今天向你们提出的这个重大的问题才是最重要的，远胜于任何个人的利益和任何人的政治前途。朋友们。"说到这儿，林肯又停了下来，听众们屏息以待，唯恐漏掉一个字。

"即使道格拉斯法官和我自己的那根可怜、脆弱、无用的舌头已经安息在坟墓中时，这个问题仍将继续存在……"

林肯这段话中，两次用默语来紧紧拴住听众的心，为他的演说增添了感人的气氛，从而达到了出乎意料的效果。

一般情况下，演讲之前的会场会有吵嚷声。所以，演讲之前最好能用适当的沉默让会场平静下来，以赢得听众的关注。

拿破仑每次在将领及军队前发表开战演讲鼓舞士气时，都会刻意地静默四五十秒。有人甚至如此形容：在士兵眼中，每当他沉默一秒，就会长高一分，多赢得他们一分注视。

关于沉默开场，还有个故事。

> 一次，爱因斯坦应邀到日本某大学访问，校长在欢迎仪式上沉默了很久，才讲出一句话："爱因斯坦博士万岁！"全体集会者在焦急的等待之中，校长那异乎寻常而又发自肺腑的呼喊把大家感动得热烈鼓掌。爱因斯坦更是热泪盈眶，上台与校长紧紧拥抱在一起。

日本大正时代，有位独脚雄辩家永井柳太郎。他上台演说时，最大的成功秘诀是把音量放小。如果他发觉听众中有所骚扰、不安宁甚至混乱时，绝不以提高声音去说服、去试着提醒他们，而是降低声音，甚至于完全沉默下来。只见他嘴唇仍在翕动着，像是呢喃细语，神色也显得庄重神秘，可就是听不到一个字。这时听众以为一定有了什么特别内容，一刹那间沉默制造了肃静。于是，这位独脚人恢复了常态，继续滔滔不绝地演说。

这就是他演讲术的要诀，也是他之所以闻名于世、在演说界占有一席地位的要诀。

这种方法也可用在演讲的任何阶段。请看下面这个事例：

　　俄国马克思主义的先驱普列汉诺夫有一次在日内瓦做关于《无产阶级与农民》的演讲，当时会场乱哄哄的，演讲几乎不能继续下去了。这时，普列汉诺夫双手交叉在胸前，目光扫视着会场。当台下逐渐平静了些，他大声说："如果我们也想用这种武器同你们斗争的话，我们来时就会——（他停顿了一下，大家以为他会说，带着炸弹、武器、棍棒，然而他说出的话却出人意料），我们来时就会带着冷若冰霜的美女。"此语一出，整个会场笑声一片，甚至连一些反对者也笑了起来。普列汉诺夫见时机已到，话头一转，又重新回到了演讲的正题上。

通过变化来求关注

　　空调开启和关闭的时候你会注意到嗡嗡的声音，但在运行中你就很少注意到。你可以利用人类的这一天性重新找回你的听众的注意力。

　　演讲中你可以用到以下细微的变化：

　　▶ 通过视觉的变动。例如：从一侧走到图板旁然后再回到原位。

　　▶ 改变听众们身体的姿势。例如：将围坐在桌旁的听众引导到图板旁。

　　▶ 在你演说的空间里改变你的活动区域。例如：从教室的前方走向后方。

　　▶ 改变你的听众正在进行的行为。例如：让他们从听讲状态进入和周围人讨论。

▶ 改变演讲的人。

▶ 改变话题。

这里，我们主要来讲一下通过改变话题来面对听众的游离。

在演讲中，为了调动听众的兴趣和调控现场气氛，演讲者也可以随机穿插一些新的内容，似乎游离开去，然后画龙点睛，一语回到演讲的主题上，使听众感到趣味盎然。

> 1924 年夏，孙中山先生在广东大学演讲，主要阐述了三民主义的要义。然而，现场小，听众多，空气差，有些人已昏昏欲睡。这时孙中山先生便穿插了一个故事：
>
> > 香港一个搬运工人买了一张彩票，藏在竹杠里。得知中奖后，他以为从此不需靠竹杠生活了，便把竹杠抛入大海。谁知领奖必须凭票，他哪儿能找回藏票的竹杠呢？听众打起了精神后，他顺势导入正题：民族主义就是这根竹杠。意思是要反对帝国主义，必须握牢强有力的武器。听众领悟后哈哈大笑，窒闷的空气一扫而尽。

当众讲话时遭遇冷场可通过暂时变换话题的办法吸引听众的注意力。目的达到后，仍要回到原有话题的轨道。比如教师在讲课过程中发现学生精力分散、东张西望、打瞌睡、窃窃私语、在桌上乱画，可以暂停讲授，穿插几句应景、时髦、诙谐的话；或者简短地讲个与教学多少相关的典故、趣闻，学生的精力便会一下集中起来。之后，再继续教学。

双向交流的话题变换是不定的，根据现场情况随时进行。比如你与别人谈论今日凌晨看的一场世界杯足球赛电视直播，可别人并不喜欢足球，也没有在半夜里爬起来观看，对你所议显得毫无兴趣，出现冷场。这时，你就应及时转移话题。

演讲布局要简洁

在很多的演讲中，听众游离的原因之一就是觉得演讲的内容乏味。演讲枯燥大多不是因为没有内容，而是内容太多。成功的演讲不在于内容多丰富，而在于能否把一两个问题说得透彻、明了。漂亮的文章不一定有漂亮的效果。在脱稿演讲时，不要太追求语言表达，可有可无的就舍弃，结果往往会更清晰。

脱稿演讲必须具有简洁性。要做到主题集中、突出、层次少而有条理，语言准确洗练，使听众一听就能够明白并接受。中国职业外交官傅莹这样说道：

> 演讲的布局要简洁，有一个贯穿始终的思路或者观点，先提出问题，然后一层层做说明，自然地引出结论。
>
> 英国人演讲线条都很直接和清晰，不大会在一场演讲中谈许多不同的问题或者太多的观点。我初来伦敦时，在英国皇家艺术学会做"关于中国发展变化"的演讲，用的材料很翔实，PPT 演示内容丰富，讲的时候似乎也抓住了听众的注意力。但演讲后有朋友说，这个演讲让人听得很累，记不住内容。

人们来听演讲，一方面是学习、吸取新知识和信息，另一方面跟去听音乐会一样，希望享受一个愉快的过程，故灌输很多东西效果反而不好。

演讲要集中在一个明确的主题上，方能给听众留下清晰而深刻的印象。主题是演讲的中心思想或基本观点，体现着演讲者对所阐述问题的总体性看法，是整个演讲的"灵魂"和"统帅"。

一般说来，一篇演讲只能有一个主题，一个中心，不能多主题，多中心。这就要求演讲的主题必须凝练和集中。如果贪多求全，这儿也想讲，那儿也想说，势必使主题分散，形成多中心，造成演讲的头绪纷繁，缺少一根贯穿演讲的主线，结构松散，话说得不少，听众却不知道到底要讲什么。

演讲，要主题统率材料，材料集中地表现一个主题并使之鲜明突出。若如此，听众的脑海里就会留下深刻的印记。

富兰克林·罗斯福为我们提供了一个经典的例子：

1933 年 3 月 12 日，星期天，他进行了第一次新闻广播演讲，史称"炉边谈话"。当时正处于大萧条时期，全国民众处于焦急之中，他是这样说的：

朋友们，我想花几分钟时间同美国人民谈谈银行的情况。只有很少一部分人了解银行的运行机制，而绝大多数人把银行当作存款和取款的地方。我要告诉大家，过去这些天我们都做了些什么，为什么要做这些事情以及我们下一步的计划。

注意他的路线图：过去这些天我们都做了些什么；为什么要做这

些事情；我们下一步的计划是什么。

他将演讲的所有内容，包括数据、信息、故事、逸事、统计、引言、图标等，都归入这 3 个方面，而这 3 个方面为他的演讲内容提供了一种结构体系。

下面是有关总结的一个例子：

今天，我们已经讨论了是否应当向我们学校的艺术表演投入更多资金的问题。（这是你的要点）我们已经明白了潜在的利益、也清楚了可能的投资成本，也解释了我们的五年规划，即要将综合性的艺术表演带到这个区里。（这些是你的 3 个方向）女士们、先生们，你们将要做出一个重要的决定。在你们投票之前，如果有什么问题请提出来，我会认真予以回答。

第 **8** 章

即兴演讲

TEDSHI TUOGAO YANJIANG

世界上有两种演讲家，要么是紧张的演讲家，要么是骗子，因为说不紧张的那些人都在骗人。

—— 马克·吐温

·ılıl| |ıılı· CHAPTER 8

即兴演讲是演讲中的快餐，也是演讲中的精品，是演讲者在某种特定景物或人物、气氛的诱发下（或被要求）而产生的一种临时性演讲。

即兴演讲在演讲的类型中，使用率较高，应用范围最广。人们的交往日益频繁，人们的交际领域不断拓宽，即兴演讲也随之出现在人们生活的方方面面。如婚礼祝辞、迎送致辞、丧事悼念、聚会演说、访问、讨论等，都需要人们临时做即兴演讲，或助兴或助威或联谊或缅怀等，它成为人际交往深受欢迎的形式。

做好充分的心理准备

当你在毫无准备的情况下被邀请上台发表即席讲话时，一般是希望你对某一个你非常熟悉的领域或事物发表你的看法。所以，你此时此刻的主要任务就是敢于面对这种情况，并考虑清楚在这短短的时间里主要谈些什么内容。在这里，介绍一个非常好的方法，可以让你慢慢地掌握其中的奥秘，那就是要从心理上做好充分的准备。

　　例如在开会时，你不妨问问自己，如果你被邀请站出来讲话，你应该讲些什么？你最适合讲哪方面的问题？对于你要谈论的问题，应该如何措辞以表示你的赞同或反对？换句话说，就是从心理上随时做好在各种场合发表即席演讲的准备。有了这种准备，你就需要不断地思考，而这种思考才是世界上最难的事情。不过，任何一位具有"即席演讲家"美称的人，没有不需花费时间就能够做好准备的。要想做好即席演讲，演讲者必须像一个飞行员，不断向自己提出任何可能发生的问题，以随时准备在紧急状况下做出冷静而恰当的反应。一位令人瞩目的即席演讲家，也只有经过无数次的演讲训练之后，才能让自己具备成功的前提条件。

　　其实，针对熟悉的话题进行即席演讲，并不是真正的"即席演讲"，而是演讲者平日就准备好了的演讲！所以，在这种演讲题目比较容易确定的情况下，接下来要做的就是如何组织材料，以使它们适合不同场合的需要。

　　既然是即席讲演，时间一般不会太长，因此首先要考虑的就是场合，你不必一上来就道歉说自己没有做准备，其实这应该是意料之中的事情。你要尽快进入题目，大脑迅速思考。

选择合适的话题

　　即兴演讲的难度首先要快速理解主题，并确定准确合适的观点，再就观点进行准确、生动、有条理性的阐述。即兴演讲是演讲者看到演讲主题后几乎没有时间准备就要开始演讲，因此演讲者看到题目后需要快速与日常积累的相关素材联系，选择合适的素材并以此为基础提炼确定观点。

打蛇要打"七寸"，即席讲话也要抓住关键——"题眼"。无论是有明确主题的赛场即兴演讲，还是没有明确题目只有情境的大会发言，甚至是那种生活中的突然来几句，表达者都要能抓住关键的"题眼"。"题眼"确定了，就可以在丰富多彩的生活阅历中，从古今中外的知识宝库里寻找材料。

即席发言的临场性准备难度较大。他要求讲话人在演讲前的几分钟内，把演讲的腹稿组织得较完善，这是需要真功夫的。因为没有多少思考的时间，所以你看到演讲话题时，脑中闪现出来的各种瞬间的想法都要用笔记下来。这一点很重要。接下来你要考虑一下它们的逻辑顺序，哪一点先讲，哪一点次之，最后再讲哪一点。给定材料的演讲一般不能脱离材料所提供的话题和主旨，但如果对所给话题实在无话可说，则设法避开话题从另一方面阐述演讲主题也是挺有趣的事。比如你被要求谈谈你"去年的假期"，但事实上你去年没度过假。那就谈谈那段时间的工作或学习吧，顺便说一下你是怎么错过你的假期的。说到底，还是跟话题有关的。

通常的准备方法是："点的分布法"。演讲人要在短暂的临场准备时间里，围绕题目进行"点"的分布。这个"点"，可以是一个富有感情色彩的事例、一句幽默风趣的话、一位伟人或者哲人的警句，或者是所要阐述观点的核心词语等。然后，就要马上考虑这些"点"之间的联系，围绕主题，将其分布在恰当的位置上。最后，将其贯穿起来，环环相扣，形成腹稿，实施演讲。

下面介绍几种提炼主题的方法：

临场发挥。着眼于现场某一客观事物的特点和本质，进行主观联想，立即闪现出一种思想，然后把它溢于言表。

内心孕育。当开展调研或检查工作时，从别人讲话中得到启发，萌发一个新的观点，这时就成了孕育主题的素材。

问题凝练。问题是形成主题的摇篮。当你参加会议，大家都说了话，你自己正襟危坐，此时不说也不行，于是你就向自己提出了一串串问题，怎么办？说什么？怎么说？有价值的主题往往就形成于有价值的问题之中。

角度更新。对同一个问题从不同角度进行表达，使之更加新颖，表达出众。如：以小草为题，有人说"小草默默无闻，造福人类"，有人却说"小草逆来顺受，软弱无能，不思反抗"。

材料的组织非常重要

材料是讲话的基础，没有材料就无话可说。即席讲话无法在事先做充分准备，完全依靠现场组织。要尽量选用论证观点有力的材料来证明论点。因此，要注意选择那些能够反映观点、支持观点的材料。只有这样的材料，才能与观点相辅相成，具有强烈的说服力。有的人在即席讲话时，对引用的材料往往不加鉴别、不加选择，不管对观点有用无用，顺嘴就说，使材料与观点大相径庭，让听众不以为然。

即席讲话也可选取现场人或事，它比间接材料更具针对性和说明性，说明力更强，听众感觉更有现实感。只有多联系现场中人和事，才能把讲话者和听众的情感交融在一起，收到预期的效果。

即席发言的适当话题有：与主题密切联系的话题、自己熟知的话题、听众爱听的话题、有独到之处的话题、与语言环境相符合的话题等。话题确定之后，就要立即组织材料，迅速构思，形成讲话的框架。

美国公共演讲问题专家理查德曾经推荐过一个精选的腹稿结构模式。他认为即兴发言应可分为 4 个步骤进行。

直接开口说"喂，喂！" 这两个"喂"的意思是，必须首先激起听众对你演讲内容的浓厚兴趣。理查德主张开口直接用生动典型的事例画龙点睛，道出主题。

为什么要费这个口舌？ 这部分应向听众讲明为什么要听你说话，你所说的内容要使听众感到有直接的利害关系，产生紧迫感。这样就易于吸引听众。

举例。 若想把论点形象、简洁地印入听众的脑海，就必须举例。生动的事例列举，不但能深化记忆，激发兴趣，而且也能开拓主题。

怎么办？ 这是最后一步，一定要告诉听众你谈了大半天是想让大家做什么。最好能讲得生动一点、具体一点、实际一点。从根本上说，"怎么办"是演讲者的目的所在，如果演讲者忘记了这一步，或者处理不好这一步，就会给听众留下无的放矢或不知所云的感觉。

理查德还认为，"为什么"和"举例"这两部分如同馅饼里的馅，味道全在这里面。但是，这两部分要与引人注意的"喂，喂"和结尾的"怎么办"相呼应。

掌握理查德的"四部曲"，能使演说者在大庭广众之下泰然自若，有条不紊地陈述自己的观点，而不会陷入张口结舌、东拉西扯的窘境。

即兴演讲通常很简短，时间多为 1 ~ 5 分钟，要求演讲者针对特定的主题即兴发表演说，就特定主题发表自己的观点。即兴说话以精短为妙，因此，选材时要做到少而精，短而严，从切题、典型、新颖等方面考虑材料取舍。

选材的方法很多，有两种常用的技巧。

摘取法。即从相对独立完整的某一则材料中，选用一点或几点与主题有关的片言只语。它可以引用被摘取内容的原文或取其原意，对于选用的原文或原意进行概括或压缩。这种方式主要运用于即兴表达的叙述或议论中。由于是即兴所取，很难全面清晰地记清原文，因而在运用时要灵活一点，可采用"记得 × × 说过""曾在 × × 杂志上见过"等话概引。

截取法。这是一种从一则相对独立完整的总体或整体材料中选用某一方面材料的方法。截取法分为纵截法与横截法。前者是从具有较完整的形式过程的事物材料中，取用其形成过程中某一阶段的材料；后者是指从事物总体或整体中并列存在着的多个侧面里，选用某一方面的材料。

一开始便举例

好的开始是成功的一半。当选好话题之后，就要开动脑筋设计一个精彩的开头。

但是，万事开头难。尤其要在很短的时间内，设计出一个精彩的开头，更是不容易。这不仅需要我们平时的知识积累，更要具有较强的应变能力，能够根据现场的环境和气氛，找出一个好的切入点，"先声夺人"。这是知识与智慧的碰撞，需要脱稿演讲者具有非常敏捷的思维，并善于观察。

一开始便进行举例，好处是你不必在为如何措辞而大伤脑筋，只要注意对象和场合即可。

为什么要这样做呢？有以下 3 个理由：

> ▶ 你可以从考虑下一句应该说什么的困境中解脱出来。因为个人的经验很容易讲述出来，即席演讲也是这样。
> ▶ 可以帮助你渐渐进入演讲状态。刚开始的紧张会慢慢消失，然后你就有机会把自己的题材逐渐酝酿成熟。
> ▶ 可以使你立即吸引听众的注意力，因为事例是迅速抓住听众注意力的万无一失的良方。

如果听众聚精会神地听你讲述充满人情趣味的故事，那么你在演讲开始后的极短时间内，就可以对自己的能力重新获得肯定，而这正是你最需要的东西。

沟通是一个双向互动的过程，善于吸引别人注意力的人当然会了解这一点。当他注意到听众接纳他的观点，并且如电流般互相交流时，就会感受到挑战，从而尽最大的能力去回应听众。因此，在演讲者与听众之间建立和谐关系，是一切演讲成功的关键。没有这种关系，真正的沟通就不可能出现。这就是我们一直建议用实例展开演讲的原因。尤其是你被邀请随便说几句话时，举例往往是非常有效的手段。

保持平静，稳住场面

无准备时，要保持平静。此时不妨先深呼吸，你可以向主席致意或向大家寒暄几句，找些喘息与思考的机会，然后再开始发表与听众有密切关系的演讲，因为听众只关心自己和自己感兴趣之事。通常可以从以下 3 方面开始寒暄：第一，谈论你的听众，说说他们是谁，正在做什么，特别是对社会和人类做多大的贡献，如果加上些实例就更好；第二，谈论场合，可以讲讲造成这次聚会的原因及进展情况，是聚会？会议？抑或是运动？第三，如果之前你一直在听别人演讲，那么不妨指出自己对之前另一位演讲者所谈及的某一特殊事件特别感兴趣，然后将其进一步扩大详述一番。

2015 年《我是歌手》总决赛。就在歌迷们激烈竞猜本季"歌王"时，猝不及防的，孙楠宣布退赛了，说要把冲刺歌王的机会让给"弟弟妹妹"们！还好，主持人汪涵力挽狂澜，用一段近 4 分钟的即兴脱口秀为导演组争取了应变时间，获得同行与网友们的一片激赏。4 分钟演讲，汪涵在毫无心理准备的情况下，从自身经历讲到湖南广电人的拼搏精神，从观众期许讲到《我是歌手》的精神内核。只见他侃侃而谈、条理清晰，不仅成功稳住场面，更将观众的情绪调动到了新高点，还为节目组接下来该怎么做指明了方向，堪称精彩。

当孙楠拿出稿子宣布退出比赛的时候，他完全可以打断孙楠，或者加以劝说，但他并没有那么做。可能他也没料到，孙楠是玩真的。

孙楠宣称退赛后，直播并未被掐断——通常电视台的处理方式是直接掐断进广告。这个时候，镜头对准了汪涵。他的脸色在一刹那有着明显的转变：震惊。但震惊之后他迅速镇定下来，尽管此时他心里已经是万马奔腾。

在接下来的 4 分钟里，汪涵的一番话被视如"主持人教科书"般的存在。面对已经宣布退赛的孙楠，汪涵在千钧一发的瞬间，首先是要稳住孙楠："这一定是你拿定主意之后的观点"，然后再掌控大局。此刻，他头脑清晰、主次分明、先礼后兵。他明示导播准备 3 ~ 5 分钟的广告，因为不知道有没有恰好 3 ~ 5 分钟的广告备播，所以需要给台领导和后方做准备的时间。紧接着，汪涵以自己 20 年的主持经验告诉观众，不要慌，比赛还会继续："可以从各位期待的眼神当中读到你们对接下来每一位上场的歌手的期许。"这句话很恰当地引导了观众的情绪。然后他又依次念出表情慌乱、不知怎么继续的歌手的名字，此招既告诉观众比赛仍值得一看，也给了慌乱中的歌手一种肯定。

汪涵在此时还文艺了一把，使用了两个"不信，你听"，减少了庄严的仪式感，让人恍惚间觉得这像是一次预演过的直播。

最后，汪涵以"成熟男人"来定义孙楠做出的决定。他说，"虽然我不同意你的观点，但我誓死捍卫你说话的权利"，又邀请孙楠"以一个观众的身份继续坐在这个地方，来看你最爱的弟弟妹妹们向歌王的舞台进军"。

第 **9** 章

掌控问答
环节

TEDSHI TUOGAO YANJIANG

说话和事业的进展有很大的关系，是一个人力量的
主要体现。

—— 富兰克林

▪▫▪▫▪ |▪▫▪▫ CHAPTER 9

演讲的过程中，并不是所有的听众都对演讲者十分喜爱或者认同演讲者的所有观点。甚至会有观众故意刁难演讲者提出一些带有敌意或轻视意味的问题。作为演讲者，一定要适度掌握一些面对这种情况的技巧，否则，可能就会陷入尴尬的境地，从而因为某个人或某个问题而破坏了整个演讲。

切忌以问答环节结束

大多数正式的演讲都包含问答环节，我们认为这是一个好的做法，因为听众总是想与你进行交流、对话的。

然而，大多数人都将提问环节安排错了，他们将这一环节放到了演讲的最后，这真是个糟糕的做法！我们认为，永远都不要以问答环节作为演讲的结尾，否则就太冒险了。原因在于：

你费尽心力好不容易在演讲结束时将听众带到了一个最佳的状态，你做得很不错。你得意扬扬地结束了讲话，然后说："我们还剩下 15 分钟，有什么问题要问吗？"底下一片沉寂。"有人提问吗，一个问题都没有吗？"仍然没有人说话。你环顾四周，越来越感到失望："确定没有问题吗？"底下的每个人都局促不安，都不敢看你的眼睛。"那么，好吧，"你喃喃自语道，"我想我该结束演讲了。嗯，谢谢大家来捧场……"你看起来无比愚蠢，收拾完笔记本电脑之后，马上溜之大吉，最后的这一环节完全破坏了之前良好的效果。

还有更糟糕的：你的演讲很顺利，而到了问答环节，你碰到了咄咄逼人的提问者。他坐在底下听完了你的整个演讲，耐心地等待提问时间的到来。事实上，他并没有问题要问，在他心里只有一个自己的安排，那就是在大庭广众之下向听众证明他比你聪明，因为他发现了你讲话中的漏洞。无论你多么巧妙地回答这个问题，你的信誉都会受到影响。听众目睹了发生的一切。你为了从情感上打动听众所做的一切努力都付诸东流。如果你已经带着听众踏上了一次情感之旅，此刻，你又快速地跌落了下去。

用一种有力的态度结束你的演讲，而不是用那些陈词滥调。优秀的演讲者会像一位歌剧明星一样结束他们的演讲——不管在语言上还是思想上都留下一个"高音"。正如喜剧演员在人们的笑声中退场，演讲者也应该在人们的思考中退场。最后的话仿佛余音绕梁，令人回味。最后的话升华了你的思想，激活了你传达的信息，并且调动起了观众。

多数人在收尾时会说，"我想，我要讲的就是这些"，他们的肢体随即松垮起来。我们的建议是，先做个总结，然后呼吁大家采取行动："人们期待演讲人在收尾时告诉大家做点什么。"

"珍珠港事件"后，富兰克林·罗斯福总统做了振奋人心的"耻辱日"演讲。在演讲的最后，罗斯福总统用他那浑厚的嗓音说道："我们相信我们的军队，我们的人民有无比坚定的决心，因此胜利必定属于我们！愿上帝保佑我们！"在那个群情激越的时刻，罗斯福铿锵有力的话语一扫笼罩着美国人的阴霾，提升了全民的士气，恢复了美国人对国家的信心，让美国人对未来又重燃希望。

如果不幸，你将回答环节放在了演讲结束，你只能通过以下方法来解决问题。

顺水推舟

有时候，听众提出的问题虽然是有意刁难演讲者，但是所讲确实是事实。这时候演讲者也不能否认，不如采用顺水推舟的方法更为妥当。这样既显示出演讲者尊重事实，也体现出演讲者随机应变的智慧。

中国当代女作家谌容有一次应邀到美国一所大学演讲。她刚登上讲台，就有一个观众给她提了一个让人难堪的问题。这位观众问道："听说您至今还不是中国共产党党员，请问您对中国共产党的私人感情如何？"谌容却顺水推舟地答道："你的情报很准确。我确实还不是中国共产党党员。但我的丈夫是个老共产党员，我同他共同生活了几十年，我们十分恩爱。可见，我同中国共产党的感情有多深。"谌容巧妙得体的回答博得了台下听众的称赞。

一天，一家生产乳制品的工厂来了一位怒不可遏的顾客，他毫不客气地对厂里的负责人说："先生，在你们生产的乳制品中，我发现了一只活苍蝇，我要求你们赔偿我的精神损失。"之后，这个顾客提出一个天文数字的赔偿金额。

通常来说，像这种乳制品生产线的卫生管理是非常严格的，为了防止乳制品发生氧化反应而变质，每次都会将罐内所有的空气抽出，然后注入一些无氧气体后再密封。在这种严格条件下生产出的乳制品，里面出现活苍蝇的可能性几乎没有。

由于这个事件影响到工厂的声誉，这位工厂负责人不好当场揭穿那人的阴谋，只是很有礼貌地请他到会客室里聊聊。那个顾客一边走一边破口大骂。

当这个顾客又一次提出抗议并要求赔偿时，负责人很有风度地为对方倒了一杯茶，然后慢条斯理地说道："先生，看来真有你说的那么回事，这显然是我们的错误。你放心，你会得到合理的赔偿。由于这个问题事关重大，我们绝对不会坐视不理的。这样吧，你稍等一下，我这就命令关闭所有的机器，以查清错误的来源。因为我们工厂有规定，哪一个生产环节出现失误，就由哪个环节的负责人来负责。等我把那个失职的主管找出来，让他当面给你赔礼道歉。"

说完后，负责人一脸严肃地对身后的工程师说："你立刻去关闭所有的机器，尽管我们的生产流程中不应该出现这种失误，但这位先生既然发现了，我们就有义务给顾客一个满意的交代。"

那个顾客本来只是想用这个借口来讹一些钱，但他没有想到自己的话会导致如此严重的后果，很担心自己的招数被拆穿。那样一来，他会被要求赔偿整个工厂因停工而造成的损失，就算他倾家荡产也赔不起。

顾客开始感到害怕，他嗫嚅道："既然事情这么复杂，那就算了吧，但是我希望你们以后不要再发生这样的情况了。"说完之后，拔腿就想要离开。

那位负责人叫住了他，诚恳地对他说："非常感谢您的指教，为了表示我们的感激，以后您购买我们的产品都可享受八折优惠。"

这个顾客根本就没想到自己还能有意外的收获，于是他逢人就宣传这家工厂的乳制品，成了这家工厂的活广告。

工厂负责人采取的就是"顺水推舟"的方法，巧妙地用攻心术揭穿了顾客的骗局，先掌握了对方的心理，然后巧妙地将对方的想法转移到自己的思维圈套里，让对方变成工厂的免费宣传员。

在运用"顺水推舟"策略的时候，通常要格外注意以下两点：

自己创造机会。有时候，机会要靠自己创造，所以在跟客户谈话的时候，我们都要注意因势利导，克服对方的抵触心理，一步一步引导对方进入自己的语言环境，为自己的顺水推舟创造环境。

把握听众的心情。听众的心态决定了其说话内容和方式，所以，注意把握住听众的心态。只有弄清对方的心理状况，才有机会。

针锋相对

对于听众的刻意刁难，演讲者不能一味忍让逃避，应该懂得适当反击，这样才不会影响其他听众对你的评价。如果演讲者一味忍让，可能会让观众觉得你没有自己的观点，没有和别人辩论的勇气。

当达尔文的进化论学说在英国传播开来之时，英国教会为了反对他的观点，召开一次辩论演讲会。托马斯·赫胥黎作为英国著名博物学家、达尔文进化论最杰出的代表出席此次辩论。

会上，一位大主教突然对他进行人身攻击。他说："赫胥黎教授就坐在我旁边，他是想等我一坐下来就把我撕成碎片的。因为照他的信仰，他本来是猴子变的嘛！不过，我倒要问问，这个猴子子孙的资格到底是从祖父那里得来的呢，还是从祖母那里得来的呢？"

赫胥黎教授立刻针锋相对地回答："我断言——我重复断言：要说我是起源于弯着腰走路和智力不发达的可怜的动物，我并不觉得羞耻；相反，要说我起源于那些自称很有才华、社会地位很高却胡乱干涉自己所茫然无知的事物、任意抹杀真理的人，那才真正可耻！"这一针锋相对的辩论，使大主教瞬间无言以对。

英国诗人乔治·莫端是一位木匠的儿子，但是因为他的满腹才华和谦逊有礼，使他受到英国上层社会的尊重。他从来不认为自己的出身是可耻的，也不忌讳人们谈及这个问题。

有一天，一位富家公子来拜访他，见面第一句话就问："对不起，请问阁下的父亲是不是一位木匠？"

"是的。"诗人坦率地回答。

"那阁下的父亲怎么没有也把你培养成一位木匠呢？"富家公子故作不解地问，但语气里满是嘲讽。

诗人并没有立即回答，而是带着好奇问道："阁下的父亲应该是一位绅士吧？"

"那是当然！"富家子弟得意地回答。

"这就对了。我的父亲没能把我培养成木匠并不奇怪，您的父亲不是也没有把您培养成一位绅士吗？"

富家公子顿时像败下阵来的斗鸡，灰溜溜地离开了。

面对他人不友好的刁难，这种针锋相对的回击是最具杀伤力的，一句话往往就会让对方无话可说。"以子之矛，攻子之盾"是最有力的武器。

一次，在联合国的会议上，菲律宾前外长罗慕洛和苏联代表团团长维辛斯基发生了一场激烈的辩论。罗慕洛批评维辛斯基提出的建议是"开玩笑"，维辛斯基立即做出了十分无礼的举动。他说道："你不过是个小国家的小人罢了。"维辛斯基刚说完，罗慕洛就站起来，告诉联合国大会的代表说，维辛斯基对他的形容是正确的，但他又接着说："此时此地，将真理之石向狂妄巨人的眉心掷去，使他们的行为检点一些，这是矮子的责任。"罗慕洛的话博得了代表们的热烈掌声，而维辛斯基只好干瞪眼，什么话也说不出来。

在这则事例中，维辛斯基身为苏联代表团团长，虽然来自一个超级大国，却出乎意料地在联合国大会上对别国外长进行人身攻击，完全违背了国际友好交往的基本道德和礼仪，表现出低劣的思想和修养，受到与会者的唾弃是可以想象的。反观身为"小国之臣"的罗慕洛，虽然菲律宾小得远不如苏联的一个州大，而且罗慕洛穿上鞋子后，身高也只有 163 厘米，但他面对一个超级大国外交官员严重的失礼毫不畏惧。为了维护自己及国家的尊严和形象，他勇敢而巧妙地运用了一个形象的比喻，当众抨击对方的卑劣行为。虽然他谦逊地自称为"矮子"，但却不是一般的"矮子"，而是能举起"真理之石"向"狂妄巨人的眉心掷去"的人，真理在他手上；虽然他也把对方比作"巨人"，但这却是一个在国际交往中"行为不检点"的"巨人"。

这样，"举起真理之石"的"矮子"与"行为不检点"的"巨人"正好成了鲜明的对照，有力地表现了菲律宾国虽小却不容侮辱的严正立场，准确而有分寸地批评了身为大国之使的苏联代表团团长有失检点的恶劣行为。

避免正面回答

在一个小型联欢会上，坐在观众席上的一名女子问赵本山："听说您在全国笑星中出场费是最高的，一场要一万多元，是吗？"

赵本山没有回答对方提出的问题，而是先问道："你的问题提得很突然，请问你是哪个单位的记者？"

"我是一家电器经销公司的员工。"女子回答。

"那你们经营什么产品？"

"有录像机、电视机。"

"一台录像机卖多少钱？"

"4 000 元。"

"如果有人出 400 元，你卖吗？"

"那当然不能卖，一种商品的价格是由它的价值决定的。"女子回答得非常干脆。

"那就对了，演员的价值是由观众决定的。"

面对如此不好回答的问题，赵本山巧妙地将话题岔开，以一种类比的方式，回答了这位女子的提问。既答复了对方的提问，又回避了正面回答问题的尴尬。

有"中国台湾第一美女"之称的林志玲不仅美丽，而且情商颇高，在回答一些尖锐问题时真是滴水不漏。对于一些问题，她同样采用了避免正面回答的办法。

身为中国台湾第一美女，不断有产品代言的林志玲在收入方面也同样受人关注。有记者问及林志玲她的收入是否位居中国台湾第一时，林志玲当即表示："收入第一并不敢说，但我绝对是过得最充实、最有意义的一个。有时候回头看看自己的行程安排都会惊讶于自己怎么会过得这么充实。"

还有一次她传出了点绯闻，有记者问是不是有男人在追她，她说："有啊有啊，时间在追我。"

在《赤壁》的新闻发布会上，记者问她是否介意和梁朝伟的身高不相衬，林志玲巧妙地回答：男人的气度远胜于高度。在场的梁朝伟也会心一笑。

项羽自称西楚霸王后想杀掉刘邦，范增出了个主意："等刘邦上朝，大王就问他：'寡人封你到南郑去，你愿不愿意去？'如果他同意，就说明他意图养精蓄锐，有谋反之心，可以绑出去杀了；如果他说不愿意，您便以违抗王命为由杀了他。"

刘邦上朝后，项羽一拍几案，大声道："寡人封你到南郑去，你愿不愿意去？"

刘邦的回答可谓巧妙之至，他说："臣食君禄，命悬于君。臣如陛下之坐骑，鞭之则行，收辔则止，臣唯命是听。"

项羽一听，无可奈何，只好作罢。

刘邦在这里并不直接回答愿意不愿意，而采用了迂回式的回答，让项羽体会到其意，却又抓不住刘邦的把柄。

人们遇到了不愿回答的问题，往往会岔开话题，去回答另一个问题。这就是转移话题的语言技巧。

饰演毛泽东的特型演员古月不但演技高超，而且人也机敏善言，在回答记者时，总能沉着应战，对答如流。一次，在山东济南市体育馆的电影颁奖会上，一个美国记者向他提出一个十分刁钻的问题："'文革'十年给中国带来了损失，你作为毛泽东的扮演者，怎么看这个问题？"

古月思考片刻，认为不能正面回答这个问题，他话题一转，反问道："你觉得维纳斯美吗？"

"美，很美。"美记者立即回答。

"维纳斯胳膊都断了，还美吗？"古月追问道。

"虽然断了胳膊，但这并不影响维纳斯的整体之美。"美国记者回答。

古月抓准时机，一语道破："你们已经回答了自己刚才提出的问题。"美国记者叹服地走开了。

古月只是毛泽东的扮演者，外国记者让他谈对"文革"的看法，确实是强人所难。古月故意把话题转移到维纳斯身上，向对方表示无声的抗议，机智的回答不乏犀利。

避实就虚

"答非所问"策略是指以回答问题的语气开始表述,其实只点了题而未表态就"滑"过去,谈了与原题相关而实际上是另一个问题的看法,从而有效地避开对方的锋芒;或在看似正面作答的语气中"偷梁换柱",谈到了某件事的细节,再反过头来征求对方的看法,将"皮球"踢回对方。

有些问题,演讲者实在是不好直接回答。因为问题就是故意让演讲者难堪,下不来台。这时,演讲者可以采用避实就虚的方法。虽然听众听上去演讲者已经回答了问题,但仔细想一下,提问者并没有得到自己想要的答案。演讲者也就成功地化解了自己的尴尬处境。

一次记者招待会上,一位西方记者问周恩来总理:"请问,中国人民银行有多少资金?"周恩来当然知道对方是为了嘲笑中国贫穷,想让他难堪。对此,周总理没有做正面回答,而是避实就虚地说:

"中国人民银行货币资金嘛,有18元8角8分。"接着,周总理做了这样的解释,"中国人民银行发行面额,10元、5元、2元、1元、5角、2角、1角、5分、2分、1分的十种主辅币人民币,合计为18元8角8分。中国人民银行是由全国人民当家做主的金融机构,有全国人民做后盾,信用卓著,实力雄厚,它所发行的货币,是世界上最有信誉的一种货币,在国际上享有盛誉。"

周总理的一席话可谓语惊四座,人们对他的机敏应变才能佩服得五体投地。

答非所问是一种回避战术。当对方提出某些问题，你基于某些原因不能不答，又不便做出直截了当的回答时，便可采用这一战术。这种战术避实就虚，用非实质性的话题将对方锋芒引开，表面上好像已做了概括的回答，其实已悄悄地避开原本棘手的问题。运用这种战术，不仅能摆脱尴尬的局面，还能产生幽默、机智的效果。

足球天才贝利被誉为"足球史上最优秀的运动员"。他球技高超，让敌手敬畏，让全世界球迷为之疯狂，成为许多足球运动员心目中的偶像，同时也成了巴西的民族英雄。

有人问贝利："你觉得自己哪一个球踢得最好？"

贝利回答道："下一个。"

当他踢进第一千个球并创新纪录之后，有人问他："在你踢进的球中，你最满意的是哪一个？"

贝利微笑着说："第一千零一个！"

贝利显然没有正面回答问题，而是巧妙地以一种幽默的方式来回答，不禁让人钦佩他的谦逊和机智以及努力不懈的精神。

答非所问的方法使用范围很广。

有一次，大名鼎鼎的德国作曲家勃拉姆斯前去参加一个演奏会。这个演奏会是由一位年轻钢琴家贝伦哈特举办的，举办这个演奏会的原因是他为席勒的诗《钟之歌》谱了一首曲子。

勃拉姆斯在演奏会上聚精会神地倾听，显出极为陶醉的模样，甚至不时地点点头。贝伦哈特误以为勃拉姆斯喜欢他作的曲子，因此当演奏会结束后，立即高兴地问勃拉姆斯：

"阁下是不是很喜欢这首曲子？"勃拉姆斯没有正面回答，而是笑着说："这首《钟之歌》，果然是不朽的诗。"

勃拉姆斯巧妙地避开问题，并委婉有礼地表达了他真实的想法：他很欣赏《钟之歌》这首不朽的诗，但并不一定认为贝伦哈特的曲子水准高。

巴索夫是西欧某国的一名外交官。一次，他想要戏弄一个非洲国家的大使。于是，在联合国召开的一次重要会议中，他灵机一动，假装很有礼貌地问那位大使："贵国的死亡率想必不低吧？"平时，巴索夫仗着本国势力，总表现出一副高高在上的模样，并以刻意贬抑他国、炫耀本国为傲。

然而，正当巴索夫暗自窃喜时，那位民族自尊心遭受伤害的非洲大使却面不改色。他稍微思索，既没有正面回答，也没有默不吭声，只是冷冷地说道："和你们的国家一样，每人死一次！"这个回答巧妙而有力，巴索夫一脸尴尬，盛气凌人的傲气也顿然消失了。

对不能不回答的问题采用答非所问是一种行之有效的方法。有时，对方提出的问题己方很难直接从正面回答，但又不能用拒绝回答的方式来逃避问题，这时就只能应付对方，讲一些与此问题既有关又无关的问题，东拉西扯、不着边际，看上去回答了问题，其实并没有实质性内容。

在《新约·约翰福音》中有一个故事：

法利赛人带来了一个在通奸时被抓到的女人，当众问耶稣："按摩西的法律，这犯奸淫罪的女人应该用石头打死，你说怎么办？"这是法利赛人设下的圈套。耶稣如果不同意，那就违反了摩西的法令；假若同意，声称为"救世主"的耶稣就要对打死人负责。耶稣回答说："你们中谁没有犯过错误，谁就拿石头砸死她吧！"众人反躬自问，都觉得自己并不干净，一个个走开了，那个女人因此得救。

运用幽默

对于演讲者来说，幽默总是化解尴尬和诘难的利器。幽默既可以使气氛不至于过于紧张，也使对话双方都有台阶可下，不会使双方为难。而且，幽默的人总是让人觉得有风度、有智慧。发挥自身幽默感是一种很好的向听众展示自己的方式。

以幽默著称的英国前首相丘吉尔有一次正准备做即席演讲，一位女士突然站起来对他说："丘吉尔，你有两点我不喜欢。""哪两点？"丘吉尔问。那女士说："你执行的新政策和你嘴上的胡须。"丘吉尔听后，彬彬有礼地答道："哎呀，真的，夫人，请不要在意，您没有机会接触到其中的任何一点。"

邓肯是一位著名的女性舞蹈家。她非常漂亮，在舞蹈界也很成功，但她不怎么聪明。

萧伯纳是世界著名的作家和幽默大师，但长相很一般。

邓肯非常钦慕萧伯纳的文学天赋。有一次，她给萧伯纳写了一封情书，信中说："亲爱的萧伯纳先生，我非常爱你。你有聪明的脑袋，我有美丽的胴体。如果我们结婚，我们的孩子一定会像你这么聪明，像我这么漂亮。"

收到邓肯的信后，萧伯纳幽默地给她回了一封信，信中说："亲爱的邓肯小姐，非常高兴收到你的来信，但是我不敢接受你的爱。我爱你更甚，但是很遗憾我不能娶你，因为我怕万一我们结婚了，我们的孩子可能会头脑像你，身体像我。"

北大教授辜鸿铭自幼生活在国外，通晓西方文化，但 21 岁的他对中国古文化却是门外汉。不过他从来没忘记过自己是中国人，凭着少年时代的记忆，每过年节，总买些酒菜，点上香火，虔诚叩拜一番。这样做虽然不免引起洋人的侧目，但是辜氏年年如此，一点不想放弃自己的民族信念。有一次，一个英国房东忍不住问他："你的祖先什么时候会来享用你这些鱼肉哇？"辜鸿铭毫不思索地回答："应该就在尊祖先闻到你所孝敬的鲜花香味的那个时候吧！"

诗人歌德的作品受到某批评家的尖刻指责。一次他在魏玛公园一条只能通过一个人的小径上散步，迎面而来的那位批评家冲他嚷道："我向来没有给傻瓜让路的习惯！"歌德让到一旁，笑容可掬地说："而我恰恰相反。"

有些场合，对方可能提出一些十分敏感的问题，或者刺探你的真实意图，或者就是想刁难你，使你不便直接给出回答，这时候你可以间接地做出回答。

英国首相丘吉尔因为力主和苏联联合对抗德国，一位记者诘难他说："你为什么老是替斯大林说好话呢？"丘吉尔回答道："如果希特勒侵入了地狱，我同样会在下议院为阎王讲情的。"

另外，还必须注意的是，当你在回答问题时，态度一定要恳切。要让你的提问者感到你正在努力、真诚地回答他的问题，而不是敷衍了事。如果有人在寻求信息，你就要表现得很专业，让对方觉得你的答案是很可信、无懈可击的。对那些抱有敌意的提问者，最好保持你优雅的风度，不要因为对方提出了一个让你尴尬难堪的问题，你就毫不留情地反击他。那样只会让你丢掉涵养。不论何时，你都应该冷静地处理各种棘手的问题，以便这些问题朝着对你有利的方向发展。

转移话题

孟子问齐宣王，有一个人要到楚国去，将自己的老婆孩子托付给一位朋友照顾。可当这个人从楚国回来时，却看到那位朋友让他的老婆孩子受冻挨饿。对这样的朋友该怎么办？齐宣王说，抛弃他。孟子又问，司法官员管不了他的下级，怎么办？齐宣王说，罢免他。孟子又问，国家治理得不好，怎么办？由于这个问题涉及齐宣王自己的责任，因此齐宣王左右张望了一下，把话题扯到其他方面去了。后来，人们就把故意转移话题，或以其他言语搪塞、掩饰正题的做法，称作"王顾左右而言他"。

王顾左右而言他，在外交应变中运用最为频繁。

1945年，在德国投降、欧战结束后，苏联人民委员会主席斯大林、美国继任总统杜鲁门和英国首相丘吉尔，于7月

17 日至 8 月 2 日在德国柏林西南的波茨坦举行会议，进一步商讨战后世界的安排和苏联对日作战的问题。会议举行的前一天，即 7 月 16 日，美国在新墨西哥州的洛斯阿拉莫斯进行首次原子弹爆炸试验成功。杜鲁门带着这张"王牌"参加会议。

7 月 24 日，杜鲁门不慌不忙地向斯大林暗示美国已有了原子弹。他向苏联翻译说："请你告诉大元帅，我们已经制造出了威力很大的爆炸物，准备用来打日本，我们希望通过它使战争结束。"

杜鲁门说完后眼睛盯着斯大林，想看看斯大林对此的反应。然而，斯大林好像没有听懂杜鲁门的话似的，继续谈着其他的话题。其实，斯大林早已知道有关美国制造原子弹的事情，并打听到美国人的进展程度。苏联情报机构已招募到美国曼哈顿计划的主要科学家给苏联提供资料，苏联也正在加紧发展自己的原子弹。斯大林用王顾左右而言他的手法，既使杜鲁门的核恐吓未能奏效，又没有暴露苏联自己研制原子弹的计划。几年之后，苏联的原子弹也研制成功了。

转换话题可根据当时的情景、你身边的事物等，将其作为话题去转变，但必须得做到"巧"。

演讲中，如果发现所讲的话题无法继续下去，可以提出一个更新鲜有趣的话题，利用好奇心理，就可以把对方的注意力引开，岔开原来的话题。

小孩子看到火车后常常会问："妈妈，火车为什么跑得那么快？"这个问题一句半句是回答不清楚的。你可以说："是呀，火车跑得可快了！过不了多长时间就能带你去外婆家了。"孩子多半会高兴地拍着小手，说起去外婆家的事。

转移话题是个办法，可是怎样才能将提问者的注意力分散到其他方面，不会发现你回答的不是他所要问的那个呢？

哈佛大学肯尼迪政治学院的托兹·罗杰斯和商学院的迈克尔·诺顿认为两种情况下比较适合使用"转移话题策略"：一种是演讲者回答相似的问题，使观众难以回忆起刚才的问题；或者当观众的注意力集中在社会性的目标或是没有明确目标时，更难发现演讲者避开了问题。

实验过程中，研究者让参与者看 4 分钟的政治辩论视频。视频有两种，一种视频中回答者直接回答问题，而另一种视频中回答者避开原有问题，自己回答了一个相似的问题。每个参与者随机看两种视频中的一种。然后，再将所有的参与者随机分成 3 组，分别是 3 种不同的情境。

第一组是"没有目标"组。参与者只需要认真地看视频。之后，研究者才开始提问："刚才的问题是什么？"以及"视频中的人回答得对吗？"结果令人十分意外，看"回答相似问题"视频的参与者当中，能回忆起刚才问题的人不到 40%；而看"直接回答问题"视频的人却有将近 90% 的人记得。换句话说，听你讲话的人其实在听了 4 分钟之后已经是云里雾里了，谁还记得当初是什么问题，即使答非所问，别人也不会意识到。

转移话题不等于是欺骗，只是转移注意力。

美国语言学家格赖斯曾提出一个合作交流的原则：交流含有一定的信息量；交流是诚信的；交流应该采用适当的方式；交流应该与当前的话题相联系。

然而，早期的一些研究者认为避开问题而回答一个相似的问题是带有欺诈性质的，这违背了合作交流的准则，其实并非如此。我们只是侧重于另一个方面而已，因为提问者或其他听众假定的是你说的话是诚信的，而你说的话是与问题或主题密切相关的，并且能让对方从你的对话中得到一定量的信息，但不致引起怀疑，那你就成功地做了一回滑头。其实当一个滑头并不代表着欺骗，只是成功地转移了注意力而已。就好像在一场篮球比赛中的假动作，不是道德问题，只是技术问题。

听众没有问题怎么办?

如果没人提问该怎么办呢?这显然是不正常的,除非是听众对你的话题根本就不感兴趣。但是如果这种情况真的出现,通常有两个原因:你已经在讲话中回答了所有潜在的问题(几乎不可能),或者你的听众对于心中的疑问难于启齿。你的任务就是帮助他们尽量放松。即使是最初由于听众不想做第一个提问者而导致的暂时性冷场,也会令你感到尴尬。下面是避免出现这种结果的几个方法:

在讲话开始前向听众分发问题卡片,以便听众能够记录下瞬间闪现的想法。如果你要阅读这些卡片,就要让听众尽量写一些简短的问题,并且字迹清晰便于阅读。同时,这些卡片也会使听众相信你是真的希望他们提问。在一些重大而正式的会议上,听众会更加热衷参与。

进行信息调查(需要在讲话之前考虑)。你可以说:"请大家举手示意是否所有人都愿意回答下面这些问题。"对于诸如"有多少人认为公司应该在生活中对员工给予更多的关心?"这类问题的调查结果能够给你提供新的讨论话题,同时也使听众更多地参与进来。这些即席的调查是非常好的融冰器,它们使气氛一下子活跃起来。

抛出你自己的问题。例如"我曾经多次被问到过的一个问题可能会令你们感兴趣……"。这种方法让你占据更多的主动,并且也留给听众足够的时间来提出他们自己的问题。如果你要抛出自己的问题的话,一定要保证它能够吸引许多听众，比如，"我怎样才能解决顾客的抵制态度？"

要将自己在讲话前已经听到的问题作为你的首选："今晚在我来的路上，你们的主席先生向我提出一个问题，我想大家一定会感兴趣"，或者"在准备这个讲话的过程中，我与你们的一些同事聊过。这里是他们提出的一些问题"。

故意漏掉讲话中某个重要的部分。这种忽略可以起到激发听众反应的作用。如果你正在谈论北、东和西，唯独剩下南，一定会有人把这个问题提出来。同时你也会知道谁在认真听你的讲话。但一定要慎用这种方法，只有在确保它不会出错的情况下才可以使用，因为如果你不能很快回到漏掉的这个问题上，人们会以为你的准备工作有问题。

与会议主席事先协商好，挑选一些有问题的听众，让他们首先提问。这种方法在你需要问题却无人回应的情况下将非常有用。你不必让他提前说出具体的问题，只需一位活跃的听众愿意配合你即可。但是你必须注意：如果他的问题只是例行公事似的提出，或者听起来更像是在背诵问题，那么你将失去听众的信任。原则上，出于自发性和真实性的考虑，你最好选择其他看起来更加自然的方法。

如果你已经准备好总结，你仅需向听众通报一下，"如果没有更多的问题，我将进行最后的综述"。

（本文摘编自多罗茜·利兹：《口才》，民主与建设出版社，2004年出版。）

第 10 章

清醒演讲，
别犯这些错误

发展演说的第一个方法，也是最末的方法，而且
是永不会失败的方法，就是第一要练习，第二仍是要练
习，第三还是要练习。

—— 卡耐基

‑ıı|ıı| |ı|ıı‑ CHAPTER 10

"会演讲的人成功的机会多两倍"，在成功之前不要忘记先认清这些错误。

演讲语气乏味

没有什么比去听一场让人昏昏欲睡的演讲更折磨人了。我们常有这样的感受，如坐针毡，甚至都有点儿替演讲者感到害臊。这种时候也没办法，只能把自己的思绪往别的方向导引，祈求上帝赶紧把我们从这种窘境中解脱出来。演讲者可以不是文采飞扬的人，演讲稿也不用多华丽，就像说书人一样，不一定多有才华，但要把事情讲明白。

如果老师上课保持"清平调"，学生的脑袋瓜子就铁定"猛垂钓"；倘若广播员播音"要死不活"，听众一定转台，决不留情；如果候选人说话"病恹恹"，定会低票落选！演讲也如此，演讲者若不"抑扬顿挫"，听众必然迅速逃脱。所以演讲者一定要考虑自己说话的味儿。

演讲语言不仅由演讲词构成，还有演讲的"味儿"。演讲语言的"味儿"是由演讲者的语气、声调等构成的，它们是演讲语言的物质外壳。演讲语言的物质外壳往往蕴含着演讲人的情绪和感情。

听话听音，听众听的就是说话的味儿和言谈间流露出来的情绪、思想和心情。说话自然大方，味儿正，给人以诚实可靠之感；说话怪声怪气，油腔滑调，一股怪味儿，往往令人难以信任；说话平平淡淡，像老和尚念经一样索然寡味，则令人昏昏欲睡。

没有一位演讲者不想让听众喜欢自己的演讲。那么就行动起来，形成自己的说话风格吧。其实，典型的例子就是赵本山的小品，里面的很多台词如果别人说起来可能并没有幽默的效果，但他语言中的感染力和他那特别的口音，都会加强戏剧效果。

黄西是一位来自中国的博士，在美国却闯出了另外一片天地，成为知名的脱口秀演员。这其实在某种程度上得益于他特殊的语言风味——浓重的中式英文口音。他的外表和打扮并无新意，属于那种在中国大学内一抓一大把的长相。在中国，像他这种口音的人比比皆是，但这种口音在美国人听来一点儿都不无聊，加上他融合了许多文化差异的笑话，让人听来别有风味。后来黄西回到国内演出，据说效果很一般。可能在中国人听来，这种东西并没有特别的新鲜感。失去了这种优势，黄西的脱口秀便逊色很多。

语调

心理学研究表明，我们在听他人讲话时，注意力无法长时间集中在讲话上，每间隔 5~7 分钟注意力就会分散。所以，为了长时间让听众保持注意力，脱稿讲话者就要注意讲话的度，要像山脉一样，有高峰有低谷，张弛有度。

每年的春节联欢晚会从 20 点开始，一直持续到 24 点，有 4 个小时的节目单。不过，观众根本不可能连续 4 个小时盯着电视屏幕，所以在节目的编排上就会有所设计：开场要活跃、喜庆，一般都是大型舞蹈，烘托团圆的气氛；每三到四个节目之间都要有一个小高潮，持续刺激观众的视听感受，让观众愿意继续看下去。

演讲也是一样，无论是从内容、语言，还是情感、动作上，都应该有所变化，有高潮，有低谷，不能持续一个步调不变。语调有高有低，内容有详有略，情感起伏跌宕，才能不断刺激听众的参与热情，调动听众的积极性。

我们在日常说话中，只要重视并运用语调的抑扬顿挫的变化，即使是抽象枯燥的内容也能讲得娓娓动听，牢牢吸引住听众；如果不善于运用语调变化，古板平淡得很，即使是生动有趣的内容，也会讲得单调平淡，使听众昏昏欲睡。这就要求我们必须掌握驾驭语调的技能技巧，以便能淋漓尽致地表达自己的思想感情，增强说话效果。

正常的说话声音，应能包括 12~20 个音符的音阶，而有些人却很不幸，只能达到 5 个音符。如果你是这样的人，你的声音听起来可能像一个没有关紧的水龙头，只能发出"滴、滴、滴"的漏水声。你一说话，正好催人入眠。

用平板的声音说话久了，再动听的故事也会让听众不耐烦或者昏昏欲睡。甚至当你用同一个语调说话的时候，人们甚至会听不懂你在说什么。听歌的时候觉得歌曲好听，是因为它的调子抑扬顿挫；听演讲的时候觉得热血沸腾，是因为演讲者热情激扬的声音让你忍不住热血沸腾。语速、语调是语言表达中一种有效的技巧。

乔布斯很善于运用抑扬顿挫的音调变化来传达情感。试想，如果在 iPhone 手机的发布会上，他一直使用单调的音调，音调适中，语气平和，那么实际效果一定大不相同，因为平铺直叙的演讲很难引起听众的共鸣；相反，乔布斯音调明快，节奏适中，抑扬顿挫分明。当他说"大家听明白了吗"和"而是一款产品"时，他的音调高亢响亮。他在演讲中常常会冒出很多口头禅。他爱用"令人难以置信的""真棒""酷"和"巨大的"这些标志性的词汇。这些词汇如果在使用过程中不改变语气和音调加以强调，感情的深浅浓淡就很难表现出来。乔布斯不断调整其音调，召唤、鼓动听众随着他的思路时而惊呼，时而赞叹，时而大笑，时而震撼。

每句话都有重点想要表达的内容和非重点想要表达的内容，也就是重要字与次要字的分别。所以，我们应该读到重要字便提高音调，读到次重要的字便放低音调。例如：今天的天气真好啊。这句话中"天气"和"好"就是重要字，读的时候音调自然要高些。

下面是居里夫人说过的一段话，先按照你平时的说话习惯读一遍，再把引号内的字提高音调读一遍，看看有什么不同，哪种方法的效果更好一些。

我们的生活都"不容易"，但是那有什么关系？我们必须有"恒心"，尤其要有"自信心"。我们必须相信我们的天赋是用来"做"某种事情的，无论代价多大，这种事情必须"做"到。

当然，这段话并不是非得这样读。每个人都会对这段话有自己独到的理解，因此重音落在哪个字上也并没有规定。

下面一段话，如果把引号里的字声调放低了读，会有怎样的效果呢？快来试试吧。

所有坚忍不拔的努力迟早会"取得报酬的"。一个人就好像是一个"分数"。他的实际才能好比"分子"，而他对自己的评价好比"分母"，分母愈大则分数的值就"愈小"！才能一旦被懒惰支配，它就"毫无可为"。

你平时可以自己练习，从自己喜欢的文章开始练起。在读的时候突然提高或放低音调，吸引别人的注意也就不在话下了。

音量

除了音调，还需要注意音量的运用。

在演讲中，为了抓住听众的注意力，有一个简单方法，那就是将音量放大。姑且不论所讲的内容如何，单就声大就有着气势壮阔的优势，因此演讲者应该训练自己如何站上台放"声"突破声音的习惯领域，间接提高胆识，说话不再"声音细如丝"，充分建立舞台自信，强化说服力。

在相邻的两家店铺中，如果销售员都站在门外大声吆喝，人们会首先走进声音更大的一方的店铺中去。即使在一个沉闷的空间里，突然响起一个洪亮的声音，人们就会下意识去关注发出声音的方向和人。**对于听众来说，他首先感受到的不是你说了什么，而是你的声音。**

爱荷华大学教育学系的威廉姆·派克伍德博士曾经进行过一个相关的实验：他组织了一场主题为"我认为……"的演讲，并请了一些人来对所有演讲者进行评分，分别评出 24 个最有说服力的演讲者和 15 个最缺乏说服力的演讲者。最后结果显示，前者都是声音比平时大一些的人，而后者则是声音太小或者过大的。

显而易见，声音的穿透力多数时候是由你的声音的大小决定的。声音大的人能够更好地吸引听众的注意力，而一个说起话来细声细气的人，就像是在唱催眠曲一样经常使人昏昏欲睡。

看过电视剧《亮剑》的人一定都会对李云龙的战前动员风格印象深刻。以下面一段为例：

> 同志们，大家都知道了。（声音极大）
>
> 我们团要像野狼团，我们每个人都是嗷嗷叫的野狼！（加重语气，声音上扬）
>
> 吃鬼子的肉，还嚼碎鬼子的骨头。（挥手斩钉截铁地说）
>
> 狼走千里吃肉，狗走千里吃屎，咱独立团什么时候吃肉，什么时候改善伙食啊？（再度抬高声音）
>
> 那就是碰到小鬼子的时候。（语气中带着笑意，但声音却又一次提高）

李云龙在说这段话的时候，根本就不是正常地说话，而是在大声吼叫。你可以看得到他脖子上青筋暴起，甚至能想象出他沉重的呼吸喷在前排战士的脸上的样子。倘若是在一个密闭的空间里，这样的声音就是不打折扣的振聋发聩。

试想一下，如果你演讲的时候也可以这样振聋发聩，声音可以让隔着两个教室的人都听到，坐在台下的听众还会打瞌睡吗？很显然，他不会，因为你的声音已经足以让他无法打瞌睡，而只能随着你的情绪起伏而变得斗志昂扬、热血沸腾。

当然，演讲的声音只是大还不行，因为没有人能长时间大声说话。这样轻则因"吼"过头而失真，听众不能领会；重则因"吼"过猛而失声，像是活吞了一个消音器。能放能收、掌控自若才算真功夫。若是收放失调，难以自我拿捏，就很容易出现尴尬情形。

轻重相宜，实际上是在音量和力度上恰到好处地运用对比度。关键在于如何选择重音区。按照语法和逻辑要求选定重音区，当然是说话时必须遵循的；然而，按照表情达意的要求确定重音区，通常更能体现说话人运用重音的技巧性。如果重音区选择不当或滥用重音，就会产生"虚张声势"的副作用。

你可以将自己选择出来的任何句子或单词突出地表现出来，在说到它们时突然提高或降低声调，直到满意为止。这种方式会令听众愉快，不会有奇怪的感觉。事实上，这正是把某项要点突出地强调出来的最好方法。

著名的演说家奥利佛·罗吉爵士、布里安及美国总统罗斯福等人就经常这样。他们都这么做的原因，就在于这是演说中一条亘古不变的法则。

音量的高低起伏应配合演讲的内容。呼吁、号召时自然提高音量、加重语气。如果演讲中一直使用较高的音量或较重的语气，则无法突出重点，反而给人以嘈杂、夸张的感觉。

在演讲中，乔布斯会不断地调整音量以增强演讲的戏剧效果。当他一开始在发布会上演讲时，通常会使用较低的音量；而当他介绍某种产品时，就会提高音量；相反的情形他也处理得恰到好处。例如，当他介绍第一代 iPod 时，他提高嗓音说："能够做到任何时候都将你的整个音乐库随身携带，这是欣赏音乐的巨大飞跃。"紧接着，他又压低嗓音说，"但 iPod 最酷的地方还不只是这些，它可以将你的整个音乐资料库都装入口袋里。"

就像抑扬顿挫的音调和恰到好处的停顿能够牢牢抓住听众的注意力一样，音量的高低起伏也能达到这样的效果。

节奏

我们平常与人谈话，讲到激动时，语速会突然加快；讲到重要内容时，语速会渐渐放慢。在这个过程中改变说话速度的行为，是自然的。改变说话的速度会造成一种声势，你的意见也会在洋洋洒洒的语言中突显出来。

林肯就很喜欢运用改变说话速度的演讲方法。他经常是一口气说一大段话，当到了他认为重要的字句时，便会把声音拉得很长，然后再快速地把剩下的话讲完。他常使一两个重要的字所占的时间比六七个次要字还久。

让我们来试试这个方法是否真的有效：首先先漫不经心地说出一个数字"3 000 万元"，然后放慢速度说："3——万——元。"你是不是觉得 3 万元的数目比 3 000 万元还大呢？

来看看美国的那个已故去的互联网时代的奇人——乔布斯，记者这样描写道：乔布斯在 Macworld 大会上进行示范演示时，他往往会使用正常的语速，阐述标题或主要信息时，语速则大大减慢。他希望大家理解并记住重点。

演讲中讲故事，要有张有弛、有缓有急、有断有连，在抑扬顿挫、轻重缓急中体现演讲的节奏美。乔布斯在一所大学做演讲时，讲了这样一个故事：

> 幸运的是，我在很小的时候就发现自己喜欢做什么（语调平稳，轻松惬意）。我在 20 岁时和沃兹在我父母的车库里办起了苹果公司（语气平静，传达出一种创业的艰辛和拼搏的精神）。我们干得很卖力，10 年后，苹果公司就从车库里——只我们两个人——发展成为一个市值 20 亿美元、拥

有 4 000 多名员工的大企业（语言奔放、喜悦、富有激情）。
而在此之前的一年，我们刚推出了我们的 Macintosh 电脑，当
时我刚过而立之年（透露出一种年轻人的成就感）。可后来
（句中顿挫），我被解雇了（语气低沉，让听众一下子傻了）。
怎么会被自己创办的公司解雇呢（低音处理，较长停顿，留
下悬念）？是这样，随着苹果公司越做越大，我们聘请了一
位我认为非常有才华的人与我一道管理公司（语调回到一般
状态）。在开始的一年多里，一切都很顺利（较长停顿）。可
是，随后我俩对公司前景的看法开始出现分歧（语速加快）。
最后，我俩反目了（表情严肃）。这时，董事会站在了他那
一边（语速迟缓，一副很无奈的样子）。所以，在 30 岁那年，
我离开了公司，而且这件事闹得满城风雨（语调升降频繁，
起伏不定）。我成年后的整个生活重心都没有了，这使我心
力交瘁。（语调先平后降，速度放慢，低沉持重）

乔布斯之所以是一位激动人心的公众沟通大师，是因为无论是音
调还是语速的掌控，他都已经达到驾轻就熟，得心应手的境界。在很
大程度上，是乔布斯无声语言的运用为其赢得了听众的尊敬和对他的
敬畏和信任。

那么，语速的掌控该如何掌握呢？

▶ 首先，每逢脱稿讲话都要未曾开口先提醒自己，不能
说得太快，要让听众听清楚；

▶ 其次，平时在与人沟通时，注意观察对方的反应，尽
可能地放慢自己的语速，让对方听明白；

▶再次，就是在讲话的过程中多注意用目光与听众交流，渐渐培养不看听众不说话的习惯，这叫作"用目光调节自己的语速"。

此外，还可以在讲的过程中多穿插些设问。设问能起到两个作用：一是引起听众的注意，二是控制自己的语速。把握好了语速，节奏自然就有了。

坚持以上做法 21 天，天天都要提醒自己这么说，相信你讲话的节奏感会明显加强。

停顿

停顿是演讲中奇妙的"休止符"。恰到好处的停顿往往比语言能更有效地传达思想，更具有戏剧性。"今天，我们将向大家推出第三类笔记本电脑。"2008 年 1 月，乔布斯在 Macworld 大会上对观众说道。在介绍之前，他停顿了几个节拍，接着说："它就是所谓的 MacBook Air 系列。"他又停顿了一下，才抛出了震惊全场的标题性口号："它是世界上最薄的笔记本电脑。"

停顿也是一种说话的艺术，恰到好处的"停顿"对于一次成功的演讲具有重要意义——它能促使人们对主题进行深入的关注和思考，使演讲者的信息更加有效而巧妙地得到传达。乔布斯演讲从不急于求成。他赋予演讲以生命，让它"自由呼吸"。当他阐述一个关键点时，他时常缄默数秒钟，从而达到出人意料的演讲效果。

大部分演讲者语速很快，好像赶着读完事先备好的阅读材料一样。多数情况下，是因为他们的阅读资料准备得过多，导致宝贵的演讲时间不够用所致。乔布斯向来都是不慌不忙，因为他的演讲都是经过精心排练的，这使他有足够的时间放慢速度、恰到好处地停顿，让听众准确地接收他传达的信息。

事先没有练习

如果是做脑部手术，一定没有人希望自己的主刀医生是一个新手。同理，听众也是同样的心理。当站到演讲台上的时候，你一定不要表现得像是第一次登台演讲一样。即使这确实是你的首次演讲，你也不能表现出来。演讲者若是被自己的笔记本电脑、笔记弄糊涂了，或者在大多数时间里都背对着听众，那就说明他是一个新手。没有人希望演讲者是个新手，除非你的初次登台能给大家带来笑料（也许你连这个都做不到）。

解决方法就是练习。如果你决定脱稿，那你就要懂得学习曲线的大概形状是什么样子。大多数人都会经历一个"抓狂的低谷期"，此时他们并不能很好地脱稿演讲。如果他们在这个低谷期间做演讲，观众就会有所发觉。他们的演讲听起来会如同在背东西，或者在他们竭力回想该说什么的时候，眼神会放空或者上翻显得很尴尬。这样会造成演讲者和观众之间的关系变得疏远。

想要走出这个低谷期很简单。只要充分进行排练，就可以让演讲的每一句话吐露得非常自然。之后，你就可以把准备的重点放在演讲内容的意义和真实性上了。

不过，如果你没有足够时间准备并度过低谷期，那就别试了。用小卡片记下演讲要点吧。只要你知道每一个点该如何展开就够了。要记住如何从一个要点过渡到另一个要点。

如果你用的是新的笔记本电脑、遥控器、演讲软件，那你一定要保证事先熟悉它们的用法。提前在演讲大厅里彩排，以熟悉场地。另外，你还要在转换幻灯片和话题时，做好衔接，这也是最容易出错的地方。当你练习的时候，要注意哪些地方会让你看起来像生手，并想办法改正。

乔布斯是一位娴熟的表演大师，表演技艺精湛。演讲中，他的一举一动都和示范演示、图片和幻灯片播放配合得天衣无缝、无懈可击。他看起来显得愉快惬意、信心十足、轻松自然且毫不费力。至少，在观众看来，他显得轻松自然。他的秘密是：排练时间长达几个小时。为了达到更加精准的效果，他甚至连续多日进行排练。

心理学教授安德斯·爱立信博士研究了世界一流运动员如飞人迈克尔·乔丹，以及其他各行各业的成功人士，如国际象棋选手、高尔夫球手、医生甚至扔飞镖的大师。爱立信博士发现：这些成功人士都无一例外地通过某种方式来不断完善他们的技能，刻意反复地练习，精益求精。换句话说，他们不只是反复地做同样的事情，希望取得更好的成绩。他们还制订具体目标，寻求反馈意见，长期坚持不懈地努力，不断完善。从爱立信的研究中，我们认识到明星们出色的表演源自数十年如一日地练习特殊技能。

普通的演讲者之所以也能够转变为一代演讲大师，也是因为他们不断地练习。英国首相温斯顿·丘吉尔是大英帝国利益的坚决捍卫者，为大英帝国的利益奋斗了一生。他也是 20 世纪最出色的沟通大师之一、著名的演说家和作家。在第二次世界大战最黑暗的时期，丘吉尔领导英国人民坚决抗争，挽救民族危亡，为争取世界反法西斯战争的胜利做出了不可磨灭的贡献。为了激发数百万英国人，说服、影响和鼓舞听众，他也曾刻意练习演讲所需技能。

"他会在大型议会演讲开始前数日就着手准备，包括有预见地做推测性的准备，针对各种可能遇到的疑问准备好巧妙的回答。丘吉尔准备得如此彻底而充分，他看上去似乎是即兴发言……他的听众都不由自主地被他所吸引，并深深地为之着迷。"

丘吉尔的孙女西莉亚·桑迪斯和合著者乔纳森·利特曼在《永不言败：温斯顿·丘吉尔的领导智慧》一书中写道："道理非常简单，但需要事先进行大量艰苦的准备工作，尤其是如果你想在即兴发挥时也表现得自然流畅，事先反复练习就更加必不可少。"世界上最伟大的演说家都知道，"自然流畅"是反复练习的结果。

雅典正在召开公民大会，辩论的主题是民主和独裁问题，只见一个不到20岁的年轻人身穿淡黄色礼服，头戴月桂花冠，自信地大步走上讲台。

"唉，怎么又是他？"听众中有人小声议论着，还夹杂着轻微的嘲笑声。这些，台上的小伙子都听到了。他不由得又想起了前几次的失败，心中不免有点发怵。但他还是鼓起勇气，开始了演说：

"公民们，我讲的是雅典必须坚持民……民主制……""怎么又口吃了？"他一急，又习惯性地耸了耸肩膀。"糟糕！"他心中暗暗叫苦，急得浑身发热，额上沁出了阵阵冷汗。台下的听众一阵骚动，有人干脆大声轰他下台，他又听到了不止一次听到过的哄笑声。

他默默地走下台来，激动人心的长篇演说词又白准备了，他沮丧极了，懊恼极了，用手捂着脸，急忙往家跑去……这个年轻人就是日后成为古希腊卓越的雄辩家和著名的政治家的德摩斯梯尼，这一年他18岁。

德摩斯梯尼天生口吃，嗓音微弱，还有耸肩的坏习惯。在常人看来，他似乎没有一点当演说家的天赋，因为在当时的雅典，一名出色的演说家必须声音洪亮、发音清晰、姿势优美、善于辩论。为了成为卓越的政治演说家，德摩斯梯尼付出了超过常人几倍的努力，进行了异常刻苦的学习和训练。他最初的政治演说是很不成功的，由于发音不清、论证无力，多次被轰下讲坛。为此，他刻苦读书学习。据说，他抄写了8遍《伯罗奔尼撒战争史》。

他还虚心向著名的演员请教发音的方法。

为了改进发音，他把小石子含在嘴里朗读，迎着大风和波涛讲话。

为了去掉气短的毛病，他一边在陡峭的山路上攀登，一边不停地吟诗。他在家里装了一面大镜子，每天起早贪黑地对着镜子练习演说。

为了改掉说话耸肩的坏习惯，他在头顶上悬挂一柄剑。他把自己剃成阴阳头，以便能安心躲起来练习演说。

德摩斯梯尼不仅训练自己的发音，而且努力提高政治、文学修养。他研究古希腊的诗歌、神话，背诵优秀的悲剧和喜剧，探讨著名历史学家的文体和风格。柏拉图是当时公认的独具风格的演讲大师，他的每次演讲，德摩斯梯尼都前去聆听，并用心琢磨大师的演讲技巧……

经过十多年的磨炼，德摩斯梯尼终于成为一位出色的演说家。他的著名的政治演说为他建立了不朽的声誉；他的演说词结集出版，成为古代雄辩术的典范，打动了千千万万读者的心。

即便是最优秀的演讲者，也要勤于练习。若想不事先练习就能现场发挥出色，那只能是白日做梦。熟练的演讲者可以在头脑中重新过一遍自己要演讲的内容，做到胸中有数。如果是并不经常演讲的人，可以彩排一下自己要演讲的内容，请自己的朋友作为假想听众进行彩排，根据朋友提出的建议反复修正，以达到理想的效果。

　　萧伯纳被问及他是如何学会声势夺人地当众演说时，他答道："我是以自己学会溜冰的方法来做的——我固执地、一个劲地让自己出丑，直到我习以为常。"

　　年轻时，萧伯纳是伦敦最胆怯的人之一。他去拜访别人时，常常是在河堤上走了 20 分钟或更多时间后，才壮起胆子去敲人家的门。对于这一点，就连他自己也承认："很少有人像我这样为着单纯的胆小而痛苦或极度地为它感到羞耻。"

　　后来，他无意间用了最好、最快、最有把握的方法来克服羞怯、胆小和恐惧。他决心把弱点变成自己最强劲的优点。他加入伦敦的一个辩论学会，每逢有公众讨论的聚会，他必定参加。并且，他还全心投入社会运动，四处讲演，结果，他成了 20 世纪上半叶最具信心、最出色的演说家之一。

　　美国的戴尔·卡耐基在他的《雄辩有术》一书中就说："**发展演说的第一个方法，也是最末的方法，而且是永不会失败的方法，就是第一要练习，第二仍是要练习，第三还是要练习**。"必须用习惯和反复的练习来训练自己，使自己的脑子可以完全受自己的统治。

　　一位初学演讲的人临场时的紧张、恐惧总要比那些久经讲台考验的演讲者厉害得多。什么道理呢？因为经验太少。我们平时总是评论某人比某人老练，什么叫"老练"呢？"老练"就是富有某种经验。怎么才能老练呢？**顾名思义，老练老练，老是练才会老练。**

美国人"老练"到什么程度呢？从上幼儿园开始，每个小朋友就要到台上和别人分享自己的观点、想法，或向别人展示和讲解自己的物品，还会像模像样地要求大家提问。别的小朋友也不会客气，会提出五花八门的问题。老师会予以鼓励赞扬，给小朋友以无比的勇气和自信。到了小学和初中，则都有演讲练习课。在高中阶段，演讲更成了美国学生的必修课。

在练习演讲的诸多方法中，最绝的一招莫过于"录像"。为每次的演讲录制一盘影像资料。然后，根据录像资料，进行多方面的学习提高。

情感没有收放自如

有的演讲者一上台便慷慨激昂，高声呼喊，讲到高潮时简直是声嘶力竭、手舞足蹈，叫人莫名其妙。有的演讲者却是从头至尾都平淡如水，没有波澜起伏的时候。这样的演讲都是不成功的。演讲要注意控制情绪，逐步激发感情，一浪高于一浪，最后达到情感高潮。如果感情激发来得太突然，让听众不能接受，听众便只有瞪着眼睛看你在台上大呼小叫地"演戏"，只会觉得你滑稽，不会产生共鸣。为此，我们先要把握好感情的基调，起调不要太高，等到气氛渲染到一定程度后再把积蓄已久的感情放出来。这样才能情多不溢。

如果演讲一直过于平淡，那就说明你未进入演讲情绪，自己缺乏激情。这是演讲最大的忌讳。如果出现这种情形，说明你讲的话还不是从你心灵深处发出来的。

演讲中的感情抒发自然是重要的，但是并不意味着要肆意地抒发感情。过犹不及的道理想必大家都知道。如果在演讲时不能控制住自己的感情，一到伤心处就涕泪交流、泣不成声，一到愤慨处就词不成句，一到高兴时又笑得前仰后合，那么，听众无疑是看了一场喜剧。他们只会注意到你喜怒无常的表演，根本听不清、弄不懂你在哭什么、气什么、笑什么。

说话时必须善于控制感情。真情的流露并不是放肆，但也要懂得适时收起在胸中奔腾着的情感。如果感情表现为"过分"状态，一定会贻笑大方。心理学家卡洛·塔维斯说，不仅要认识到坦白的必要，而且要知道什么时候应该坦白以及坦白到什么程度。

因此，虽然演讲时要打开情感的阀门，用自己的情感激发听众的情感，让感情如潮水般一泻而出，但是情感犹如风筝，放得出去，也要收得回来。

没有利用放松技巧

无论做了多少次演讲，当众讲话还是会给你带来许多压力。没有一次演讲是可以完全复制的，尽管有些演讲内容都已经驾轻就熟，但现场的氛围、观众的特点等都是未知的。好的演讲者并不会因为十分熟悉演讲而高枕无忧。在现实生活中，很多事情之间并不是一种简单的线性关系。同样，焦虑与工作效率的关系也是这样。心理学研究发现：两者之间的关系呈倒 U 形曲线。也就是说，当保持中等程度的紧张和焦虑水平时，工作效率是最高的。演讲者在接到演讲任务时，一定不要轻视，也不要过度重视，将自己的焦虑水平维持到中等程度最佳。但这一切最好都在去会场之前就早已解决，即将踏上演讲台之前，还是抛开一切，放松心情吧。

顾虑越多，心理负担越沉重，精力越分散。在这样的状态下，语言表达当然会受到影响。其实无论是谁，如果总是被焦虑的情绪左右，都难以很好地表达自己的观点，即便那些演说家也是如此。但是他们却总是能在各种环境下保持放松和清醒的状态，因为他们懂得用最简单、快速的方法摧毁焦虑。

在没有担忧和疑虑的情况下，我们总能以最自然和自如的方式去做事，说话也是如此。如果你在说话前能放下一切疑虑，保持一颗毫无杂念的心，那么你便不会因此分散精力，会变得更加容易和自如地表达。

所以，保持言语自如的最好方法就是：放下一切，心无旁骛地说话。为此，你可以采用以下方法：

随时用音乐营造轻松的心情。音乐能够帮助我们镇定安神。2012年奥运会时，孙扬的表现让很多人激动。我们看到他入场之前总是戴着大耳机，听着音乐，其实这是他的放松技巧。如此优秀和实力超群的运动员，都需要在比赛之前放松自己的心情，普通人当然也需要。当然，一些即将登台献唱的歌手会大喊大叫，而这种方式是不适合一位演讲者的。

充分利用自我暗示。在很多时候，我们都会受到自我暗示的影响。说话紧张，其实也是一种自我暗示的结果。自信、积极、正面的自我暗示，会帮助我们改变对生活的看法和期望，进而获得积极、正面的结果。

如果你在与人交流时总是感到紧张，那么就要充分进行积极的自我暗示。

美国俄克拉荷马州参议员汤姆士小时候是一个瘦瘦高高、弱不禁风的人。考上大学后受命参加一次演讲比赛，这个平时面对一个陌生人都不敢开口的人，突然之间要面对众多的听众，这让他感到焦急万分。

母亲对他说道："病弱的身体可能会一辈子跟着你，所以你要用头脑来取胜啊。好好努力，你一定会成功的。"在积极的心理暗示下，汤姆士竟然取得了第一名的成绩。

如果可能，在上台前先和前面几排的听众聊聊天。这样做的好处是：一方面，可以让局面更友善，帮助你减轻压力；另一方面，也可以多发现几张和善的脸，让你讲得更轻松。

通过做脸部动作放松脸上的肌肉。比如张大再闭紧你的眼睛和嘴，不过千万不要被他人看到。

演讲语言冗长

莎士比亚认为："哪里的语言精炼，哪里的语言就有分量"。自信心强、办事果敢的人一般都说话干脆，不拖泥带水；思维和认识能力突出的人说话简洁精致，不长篇大论。在现代交往中，社会节奏快，时间观念强，说话简洁会给人一种生机勃勃的感觉。而脱稿演讲因其特殊的存在形式，更需要如此。

1967年6月，台北某学院举行毕业典礼，特邀北大教授林语堂参加，并请他即席演讲。安排在林语堂之前的几位颇有身份的演讲者，似乎为了炫耀和卖弄自己的口才，演讲冗长乏味。轮到林语堂发言时，他快步走到讲台前，仅讲了一句话："绅士的演说应该像女人穿的'迷你裙'，越短越好。"

话一出口，大家先是一愣，几秒钟后，会场上"哗"地爆发出一阵哄笑声。而刚才还在台上口若悬河的那几位演说者，此刻却是面红耳赤如坐针毡。林博士不愧为语言大师，他的演讲非常精辟，用打比方的方式，选择通俗而形象的喻体，来说明自己的观点，婉转地批评了贪图冗长的演讲习气。

有人曾问林肯，写一篇演讲稿要多长时间，林肯说："那要看多长的演讲稿。"问："两个小时以上的？"林肯："那不要准备，我开口就能说。"又问："半个小时的演讲呢？"答："要准备两三天。"问："三五分钟的演讲稿呢？"林肯说："那要准备半个月以上。"所以有人说：林肯演讲的成功就在于，三分钟的演讲，半个月的准备。

你有没有这样的经历，听某专家喋喋不休地讲了几个小时，稍一回味、梳理却发现他要说的其实很简单，只用几句话就可以表达清楚。演讲或报告的目的是让人清楚、明白你所表达的是什么，过多的铺垫与解说除了浪费别人的时间，还让简单的事情变得让人难以理解。

那么，如何做到语言的简洁呢？以下几种方法可供参考：

▶ 要对自己要讲的内容认真思考，弄清道理，抓住要点，明确中心。

▶ 对词句反复推敲，并做到精益求精，一字不多，一字不少。这样，才能做到语言的简洁。

▶ 语言要准确，少用口头禅。

▶ 语言尽量要规范，每个词、每个句子都必须让听众听清楚、弄明白，这样才能完成演讲的重任。如果说一些赘词或口头禅之类的话，不但分散了听众的注意力，而且会使听众产生烦躁、疲惫的情绪，甚至对演讲者产生反感。

▶ 避免不必要的重复。有的演讲者一句话已经说完，又要重复几遍，以为这是强调重点，而实际上这种强调不但不会收到加深印象的效果，反而会冲淡要点。

林肯在《葛底斯堡的演说》中，只用了 10 个句子。整个演讲重点突出、一气呵成，从上台到下台还不到 3 分钟，却赢得了 1.5 万名听众经久不息的掌声，并轰动了全国。这次演讲是林肯最出名的演讲，其文稿也是美国文学史上最漂亮、最富有诗意的文章之一。当时报纸评论说："这篇短小精悍的演说是无价之宝，感情深厚、思想集中、措辞精练，字字句句都很朴实、优雅，行文完美无瑕，完全出乎人们的意料。"

这就是简洁的力量。好的演讲总是字字珠玑、简练有力，使人兴味不减。

不仅林肯如此，几乎所有的演讲大师都是这样要求自己的。最短的总统就职演说，首推 1793 年华盛顿的演说，仅 135 个字。法国前总理洛朗·法比尤斯也是这方面的楷模。1984 年 7 月 17 日，57 岁的他在发表演说时，也是短得出奇，演讲词只有两句："新政府的任务是实现国家现代化，团结法国人民。为此，要求大家保持平静和表现出决心，谢谢大家。"语言真诚、措辞委婉、表达精辟。

伟大的导师马克思说过："言简意赅的句子，一经了解就能牢牢记住，变成口语；而这是冗长的论述绝对做不到的。"演讲有语言简洁化的要求，就是用最少的字句，准确、简明地表达出所要陈述的思想内容。任何讲话都贵在少而精，因为言多必失。**用千言万语讲明一个道理不算本事，而用几句话甚至几个字就阐述清楚一个真理，那才是真正的本事。**演讲更是如此，一次成功的演讲是不允许空话、废话、套话的。

没有合理利用空间

好的演讲者一定不要将自己禁锢在讲台中央。适当走动，会增加演讲的感染力。只有无聊的老学究才会纹丝不动地站在或者坐在讲台上。没有人希望去听这样的演讲。所以，要适当扩大演讲过程中的活动空间。扩大活动的空间，就意味着增加了与听众的互动。这种互动不仅会增加演讲的感染性，也能使听众更集中注意力。

兰迪·波许是一位得了绝症的大学教授，在他的最后一次告别演讲中，为了让大家暂时忘掉笼罩在他身上的死亡阴影，他甚至做起了俯卧撑。这就是善用场地空间的一个绝好例子。

开明的演讲者，甚至可以在听众中走动。当然，这种走动不是刻意的，也不是机械的，而是随着情绪而来的。在走动的过程中，我们可以提问，可以面对面地与提问者交流，这将会使演讲者与听众的距离更近，而拉近的不仅是空间的距离，还有心理距离。一个好的演讲者不会因为跟听众走得更近而丧失权威感。这么做只会让听众觉得这个人更立体，更接近普通人，愿意与人交流。当他们明白了你所释放的这些信息，他们才愿意配合，也才愿意对演讲做出反馈。如果这种情况发生了，演讲的氛围将会非常热烈和激动人心。

当然，和你的观众建立联系要比你在台上走动更重要。所以，当感觉合适时站在台上不动，而不是你认为你应该时；要在你需要的时候走动，而不是你认为你应该的时候。

如会场有录像，你就要找到你在录像范围内能够移动的最远距离。如果必要的话，把录像机也放在舞台上。

如果你用话筒，不要移动到音响前，否则声音就会反射。设想一条界限，甚至在所有音响后面，然后站在它后面。

太浅显或是太深奥

当你全神贯注于你所做的事情并且内心充实，那么，这种状态就是"心流"。你无视时间的概念，你进入无我状态。**演讲者的终极目标就是要让听众进入"心流"状态。**

有好多因素决定着能否达到这种境界，影响"心流"出现的必要因素之一就是做到繁简得当。当听众在听一堂讲座的时候，最主要的过程就是思考。演讲者所设置的思考点需要贴合演讲所针对的听众的层次。这些为不同听众所需要的不同层次的思考点的设置，取决于他们对你所讲的话题的信服度以及他们的知识背景。

当听众听着某个演讲者不停地讲而未产生任何疑问、进行任何思考时，他们很快就会厌倦了；相反，如果演讲者拿出一份复杂的流量图谱，并且一头扎进那些细节，不加任何解释地自顾自地讲起来，那么听众的思考过程又太费劲了。

人们总希望自己的话语听起来很有智慧。我们喜欢用自己知道的最华丽、最专业的词汇，以及一些缩写词。当我们用这些词汇时，自我感觉十分不错。这时，我们会害怕面前的听众，连许多教授、专家也不例外。这时，自命不凡就成了我们唯一的防御措施。问题是，没有人希望自己看起来像个傻瓜。于是，我们本来可以将句子说得简单直白，但是我们偏偏要选择其他的方式来表达，最后却发现这些表达方式都不好，只会让人更加疑惑。

如果你选择这些让人迷糊的表达方式，那么无论你自我感觉多么良好，你的行为也只会让听众开小差。你的演讲注意力不再是听众的要求，而是如何用华而不实的话语来表达意思。因此，让听众开小差，错不在听众，而在于演讲者。你演讲的目的是为了分享信息、引导群众、教化人民。这就意味着你应该放下你的自命不凡，站在听众的角度认真思考他们需要什么样的演讲。因此，你要时刻注意你的演讲给你的听众带来了什么样的思考。这些思考是否太乏味或者太费神。

具有传奇色彩的足球教练文森·洛巴迪曾经向他的队员做了一次演说，"我们要从头开始"，他说，"这是足球"。这段话出现在当他的一个队员回答说"稳住，教练，太快了"的时候。

想与听众从头开始吗？你最好弄清楚他们已经知道了什么情况。演讲者易犯的两大错误是谈话要么令听众费解，要么太浅显。为了避免这样的错误，演讲前请仔细考虑这些问题：

▶ 听众觉得我展示给他们的材料有多复杂？

▶ 听众席中有没有关于这个问题的专家？

▶ 听众有没有听过与我的观点有关的其他演讲？

▶ 他们为什么感兴趣？

▶ 我的展示会改变他们的工作方式或工作关系吗？

▶ 如果包括不同的部门，他们会理解与主题相关的背景和行话吗？他们早就了解主题的基本观念吗？

▶ 他们对于主题了解很多吗？

▶ 他们是如何知道关于主题的信息的？

▶ 他们熟悉我的研究方法并支持我关于这个主题的意见吗？

再说一遍，这些问题的答案对于你构建演讲框架起着重要的作用。因为听众已经掌握的信息决定了你需要提供多少背景资料，使用多么复杂的语言和包含哪些事例。

如果你是量子物理学家，拥有 12 个博士学位，你的论点和材料可能会十分复杂。但是你能保证你的听众也都获得了 12 个博士学位吗？你知道他们来听讲座的目的以及他们期望从这里学到什么吗？你的演讲对象是听众，而不是你自己，那么，你的演讲的每个观点都应该能让大多数听众理解。就如史蒂芬·霍金在《时间简史》中解释了几乎所有的名词。既然霍金能看到把书写得平易近人的重要性，相信你也能看到。

没有注意细节

我要说的都是一些细节问题，因为人们都很挑剔，所以我们还是要予以重视。如果你经常在同一细节上出错，观众就会发现这些错误，其注意力也会被打断。没有人能够杜绝所有的错误，因此我总是把这份清单随身携带着。如果你在大的方面表现不错，那么就可以忽视这些细节。但如果你追求完美，不想让观众因为这些细节而受干扰，那么你就该好好看看这份清单。

如果不是看自己演讲的录像，或者有人随时帮你记录，那么你自己很难发现这些细节之处：

"嗯"和"呢"等语气词。这些都是用于过渡的语气词，在日常对话中并无大碍，但是当你是在给观众做演讲时，这些词就会变成一种干扰。要想改变这个习惯，你可以用停顿来代替这些词。开始的时候，你也许会觉得冷场，但是停顿能起到另外一种作用：当大厅安静下来的时候，观众的目光就会聚向你。

分心和小动作。当你重复做某种动作时，这也会给观众带来困扰。如果把手插入口袋又拿出来，这些小动作都会分散观众的注意力。比如我有神经性痉挛，这听起来很奇怪，当它发作的时候，我右边的第二根肋骨就会痒。如果你看了我的许多演讲，就会发现，出现这种情况的概率是30%。我也不知道为何会这样（也许我还保留着一些灵长类的基因吧）。虽然现在比以前好多了，但有时我还是会这样。

背对观众。你一定要避免背对着观众。如果你需要看自己的幻灯片，也要尽量保持面对观众，从一个倾斜的角度去看。

重复。有时，我们会重复说某些话，例如，"这个是关于……""接下来……""现在我们要……"等，这些话都是为了引出下一张幻灯片。要表达同一种意思，我们总能找到不同的方法。但是，首先你要认识到自己的那些用语是多余的，你只是习惯性地依赖它。

缺乏眼神沟通。你的眼睛看着哪里？如果演讲者是新手，那么他会看着自己的鞋子，盯着某位观众，或者看着空旷的地方。其实，你至少可以看着观众席的后排，这样观众就会认为你正在看着其他的观众。最好的眼神交流是在不同的时间看不同的地方。扫视观众以达到自然的效果，即使你只是装出来的自然，那也比不自然好。

表现得不自然。有的人把手插到口袋里显得很自然，更多的人显得不自然，这给了我们什么启发呢？每个人表现自然的条件不同，我们只有表现得体，观众才只会关注我们的演讲，而非我们表现得不自然的原因。如果你一直盯着讲台上的水壶，担心它会掉下来，那你就会表现得不自然了。这时，你可以把水壶挪个位置。如果你觉得穿西装不舒服，那就不要穿，但是一定要确保自己的衣着要显出对观众的尊敬。一定要做那些能让你表现得自然得体的准备工作。如果你屏住呼吸，讲话没有停顿，不给观众思考的时间，那么，无论你如何否认，你的表现都将是不自然的。

缺乏激情。即使你的演讲平淡无奇，如果你表现得富有激情和热情，就会发现还是有不少观众愿意倾听你的思想。然而，很少有人能讲得富有激情。演讲者自以为讲得很有激情，但在观众看来，他们只是表现平平。你可以观看那些富有激情的演讲视频（马丁·路德·金的《我有一个梦想》的演讲就是不错的例子），然后对比自己的演讲视频。想想如何在保持自己特色的基础上，再加入更多的激情。

没有注明参考数据。如果你的研究借鉴了他人的观点，那么最好标明出处。如果你只是简单地说"有研究表明……"，而不提及这些研究的来源和出处，就会给人们一种捏造的感觉，或者人们会认为你根本就不知道它的出处。

不了解观众。演讲前一定要弄清楚，观众是哪些人，他们想知道什么，需要听到什么。

一个演讲者要学会从听众那儿获取反馈信息来了解自己的演讲。有时组织者会组织反馈意见调查，但是你能从听众的反应中获得更具参考价值的免费反馈信息。如果我的观众有以下这些表现，那么我就知道自己还是做对了一些事：

他们和我有眼神交流。在不同的文化中，关于笑、鼓掌、提问都有不同的礼仪，但是眼神交流却是无国界之分的。有一个试验就能证明——如果你对观众说："在5秒钟之内，哪些人看着我，我就给他1 000万美元。"之后开始从5到1倒数计时，绝对有100%的观众会看向你。因此，只要你讲的话题很有意思，你就能阻止人们玩手机纸牌、敲电脑键盘或者开小差。如果每隔10分钟左右，你能重新赢得那些观众的注意力，那你就成功了。你还可以用一些小奖品或者提一些小问题来保持观众的注意力。

他们会提问或者给出评论。所有的反馈都是很宝贵的，即使这些信息是告诉你演讲得如何糟糕，但填写反馈表或者给你写邮件都需要花费观众的精力。不论观众的回应是批评、提问、提建议还是给你参考意见，都证明了你选择的话题是对的，而且你得到观众一定的关注，因此才能得到他们的回应。如果他们向你提出建议，或者更正你的错误，无论你是否同意他们的观点，你都应该谢谢他们。这是对他们投入精力的尊重。

组织者还会来邀请你演讲。组织者的反馈和观众的反馈是不同的，但凭经验而言，组织者若是再次邀请你演讲，那就说明你比活动中的其他演讲者做得好。

（本文摘编自斯科特·博克顿：《演讲之禅》，机械工业出版社，2012 年出版。）

POSTSCRIPT 后记

脱稿讲话的能力培养和提升，非一日之功。所以，希望靠读完这本书就能让自己的口才瞬间提高是不可能的。你还需要结合书里的思路和技巧多练习、多思考、多尝试，才有可能让脱稿讲话成为一种习惯、一种常态。

生活永远比书本更深刻，现实永远比理想更刻薄。

本书在创作过程中，引用了一些资料和文献。这些资料的原创作者为本书的完成提供了很多的方便。在此，深表感谢。作者查阅、参考了大量的文章、文献和作品，部分精彩文章未能正确及时注明来源及联系版权拥有者并支付稿酬，希望相关版权拥有者见到本声明后及时与我们联系，我们都将按相关规定支付稿酬。在此，深深表示歉意与感谢。

由于编者水平有限，书中不足之处在所难免，诚请广大读者指正。同时，为了给读者奉献较好的作品，我们进行了大量的资料搜集、检索、查阅与整理的工作。在写作本书的过程中，我们得到了林云、杨泽健、刘余迢、杨亚如、刘因翁、卢进伟、庄焕艳、肖亚强等人的热心支持与帮助。在此，感谢他们的辛勤劳动与精益求精的敬业精神。

REFERENCES 参考文献

[1] 斯科特·博克顿 . 演讲之禅 [M]. 北京：机械工业出版社，2012.

[2] 杰瑞·魏斯曼 . 说服 [M]. 北京：科学出版社，2005.

[3] 成冰 . 雄辩是说服力，沉默更是说服力 [M]. 南京：江苏人民出版社，2011.

[4] 唐亚微、王婧怡 . 脱稿演讲的要点及技巧 [M]. 北京：经济科学出版社，2013.

[5] 易东 . 每天学点好口才 [M]. 北京：中国纺织出版社，2010.

[6] 水中鱼 . 演讲金口财 [M]. 武汉：华中科技大学出版社，2010.

[7] 赵凡禹 . 好口才好前程大全集 [M]. 北京：企业管理出版社，2010.

[8] 宁燕 . 卡耐基成功管理学（实践版）[M]. 长春：吉林大学出版社，2010.

[9] 戴尔·卡耐基 . 卡耐基口才训练全集 [M]. 杭州：浙江人民出版社，2005.

[10] 无极 .30 天掌握一流演讲口才 [M]. 北京：中国经济出版社，2013.

[11] 多罗茜·利兹 . 口才 [M]. 北京：民主与建设出版社，2004.

[12] 戴尔·卡耐基 . 卡耐基口才全集 [M]. 北京：北京工业大学出版社，2013.

[13] 卡迈恩·加洛 . 乔布斯的魔力演讲 [M]. 北京：中信出版社，2010.

[14] 杰瑞米·多诺万 .TED 演讲的秘密 [M]. 北京：中国人民大学出版社，2014.

[15] 李问渠 . 口才成就一生全集 [M]. 哈尔滨：哈尔滨出版社，2010.

[16] 于反，周婷 . 口才兵法 [M]. 北京：经济管理出版社，2009.

[17] 戴尔·卡耐基 . 卡耐基口才全集 [M]. 天津：天津社会科学院出版社，2010.

[18] 吴昱荣 . 职场暖心话术 [M]. 北京：中国华侨出版社，2013.

[19] 刘川 . 实用口才经典训练教程 [M]. 北京：中国时代经济出版社，2011.

[20] 樊荣强 .20 天练成脱稿讲话 [M]. 北京：北京时代华文书局，2014.

[21] 彼得·迈尔斯，尚恩·尼克斯 . 高效演讲 [M]. 长春：吉林出版集团有限责任公司，2013.

[22] 黄大钊，曹瑞芳 . 脱稿讲话 [M]. 北京：人民出版社，2013.

[23] 赖默·里格比 . 你怕公开演讲吗 [OL]. FT 中文网，2013. http://www.ftchinese.com/story/001053193?full=y

[24] 韩洋 . 杰瑞·魏斯曼如何让演讲更具说服力 [J]. 钛媒体，2012. http://www.tmtpost.com/497931.html

[25] 张海翔 . 演讲中的故事这样讲 [OL]. 张海翔口才培训网，2014. http://www.51koucai.com/mofakoucai1089.html

[26] 佚名 . 解读苹果 CEO 乔布斯演讲魅力：语言生动运用手势 [OL]. 中国企业家网，2011.http://page.renren.com/600008779/note/733443351?op=pre

[27] 佚名 . 汪涵救场获赞被推上神坛，《我是歌手》汪涵救场全文曝光 [OL]. 腾讯娱乐，2015.http://stock.591hx.com/article/2015-03-30/0000871943s.shtml

[28] 雄风 . 从毛泽东"不可以一切依赖秘书"谈起 [OL]. 中国共产党新闻网，2009.http://cpc.people.com.cn/GB/64093/64103/10661224.html

[29] 颜永平 . 演讲的态势语言技巧 [OL]. 新浪博客，2007.http://blog.sina.com.cn/s/blog_4cbe5d2601000a6o.html

[30] 杰瑞·魏斯曼 . 演讲教练杰瑞·魏斯曼 [OL]. 搜狐娱乐，2011. http://bschool.sohu.com/20110906/n318515581.shtml

[31] 南希·杜瓦蒂 . 让演讲如同讲故事一样 [OL] 译言网 2012.http://article.yeeyan.org/view/350489/329396?bsh_bid=152009533

[32] 沐沐知雪 . 怎样巧妙地回答让你难堪的问题 [OL]. 果壳网，2011.http://www.guokr.com/article/63658/

[33] 克里斯·安德森 . 如何做顶尖级演讲 [OL].TED to China，2013. http://www.tedtochina.com/2013/05/29/chris-anderson-how-to-give-a-killer-presentation/